KB040117

말 잘하는 사람들의 3가지 비법

유머 · 칭찬 · 아부

말 잘하는 사람들의 3가지 비법: 유머·칭찬·아부

초판 1쇄 발행 2015년 2월 14일

지은이 김달국
발행인 송현옥
편집인 옥기종
펴낸곳 도서출판 더블:엔
출판등록 2011년 3월 16일 제2011-000014호

주소 서울시 강서구 마곡서1로 132, 301-901
전화 070_4306_9802
팩스 0505_137_7474
이메일 double_en@naver.com

ISBN 978-89-98294-09-0 (13320)

※ 이 책은 저작권법에 따라 보호받는 저작물이므로 무단전재와 무단복제를 금지하며, 이 책 내용의
  전부 또는 일부를 이용하려면 반드시 저작권자와 더블:엔의 서면동의를 받아야 합니다.
※ 이 도서의 국립중앙도서관 출판시도서목록(CIP)은 서지정보유통지원시스템 홈페이지(http://seoji.
  nl.go.kr)와 국가자료공동목록시스템(http://www.nl.go.kr/kolisnet)에서 이용하실 수 있습니다.
  (CIP제어번호: CIP2015003137)
※ 잘못된 책은 바꾸어 드립니다.
※ 책값은 뒤표지에 있습니다.

도서출판 더블:엔은 독자 여러분의 원고 투고를 환영합니다. '열정과 즐거움이 넘치는 책'으로 엮고자 하는
아이디어 또는 원고가 있으신 분은 이메일 double_en@naver.com으로 출간의도와 원고 일부, 연락처 등을
보내주세요. 즐거운 마음으로 기다리고 있겠습니다.

말 잘하는 사람들의 3가지 비법

유머 · 칭찬 · 아부

김달국 지음

더블:엔

사람의 마음을
어떻게 얻을 것인가

"세상에서 가장 어려운 일은 사람이 사람의 마음을 얻는 일이다."

생텍쥐페리의 《어린왕자》에 나오는 말이다.

우리는 살아가면서 많은 사람들과 다양한 관계를 맺는다. 타인과 좋은 관계를 맺으며 잘 살기 위해서는 '마음'을 얻어야 한다. 잠시도 가만히 있지 않는 사람의 마음을 어떻게 얻을 것인가의 문제는 끊임없이 생각해야 할 우리의 평생 화두이기도 하다.

인간은 이성적으로 사고하고 행동하면서도 감정의 지배를 더 많이 받는 동물이다. 수시로 변하는 사람의 감정을 알아차리고 그때그때 적절하게 대응하는 건 어려운 일이기는 하지만 사람들 사이의 공통분모를 잘만 찾아내면 문제가 의외로 쉽게 해결되기도 한다.

어릴 때 수학시간에 배운 분수를 기억해보라. 서로 다른 분모를 가진 수의 계산에서 가장 먼저 할 일은 공통분모를 찾는 것이다. 그렇지 않으면 더하거나 뺄 수가 없다. 성격과 취향이 각기 다른 사람들을 대할 때도 사람들 사이의 공통분모를 알면 그 다음부터는 쉽게 풀어나갈 수가 있다. 이는 사람들이 '즐겁고' '나에게 도움이 되며' '나를 알아주는 사람'을 좋아하기 때문에 가능한 일이다.

인간관계에서 일어나는 갈등은 그 형태가 복잡한 것 같지만 알고 보면 이런 것들이 충족되지 않아서 일어나는 현상이다. 따라서 상대를 움직이려면 상대를 즐겁게 하고, 상대에게 도움을 주며, 상대를 알아주면 된다. 우리는 그것을 '말'로써 다 할 수 있다.

우리는 살아가면서 단 하루도 '말'을 하지 않고 지내지 못한다. 세상과 소통하는 수단이자 자신의 내면을 나타내는 척도인 '말'에는 말하는 사람의 생각과 인격이 고스란히 드러난다. 그가 어떤 말을 어떻게 하는지를 보면 그 사람이 어떤 사람인지 알 수 있게 된다.

기쁨도 말에서 시작되고 갈등도 말에서 시작된다. 같은 칼이라도 어떻게 쓰느냐에 따라 사람을 죽일 수도 있고 살릴 수도 있듯이, 말도 그것을 어떻게 다루느냐에 따라 일상이 달라지고 운명이 달라진다.

말 잘하는 사람을 가만히 살펴보면, 상대방을 자신의 의도대로 잘 움직인다는 걸 알게 될 것이다. 나의 의도가 상대방의 그것과 맞으면 가장 이상적이지만, 사실 그런 경우보다는 그렇지 않은 경우가 더 많다. 그렇다고 상대를 억지로 내 의도대로 끌고 갈 수는 없다.

말 잘하는 사람들에는 두 가지 부류가 있다. 좋은 목소리로 논리적으로 아나운서처럼 말을 잘하는 사람이 있고, 아나운서처럼은 아니지만 상대가 듣고 싶어 하는 말을 적재적소에 잘 배치하며 분위기를 즐겁게 만들어 많이 웃을 수 있게 하는 사람이 있다.

이 책은 후자를 위한 책이다. 이제 웅변의 시대는 지나갔고 누구나 아나운서처럼 말해야 되는 시대도 아니다. 이제는 말로써 상대의 마음을 얻고 부드럽게 소통할 수 있는 능력이 필요한 시대다.

좋은 말에는 그 사람의 향기가 담겨 있다. 좋은 말로 상대방을 즐겁게 할 수도 있고 춤추게 할 수도 있다. 상대를 즐겁게 하는 말은 '유머'이며, 춤추게 하는 말은 '칭찬'이다. 유머는 분위기를 부드럽게 만들어주고, 칭찬은 상대의 존재 가치를 높여준다. 유머로 상대의 마음을 열고 칭찬으로 상대의 마음을 얻는다면 세상 사람들을 내편으로 만들 수 있다.

유머는 머리에 남고 칭찬은 가슴에 남는다. 만약 당신과 함께 있는 사람이 유머로 분위기를 즐겁게 만들고 칭찬으로 당신의 가치를 높여준다면, 당신은 그 사람과 더욱 깊은 관계를 맺고 싶을 것이다.

한편, 칭찬보다 더욱 강력하게 메시지를 전달하는 수단으로 '아부'가 있다. '아부'라는 말은 좋지 않은 이미지를 갖고 있지만 그 뿌리는 칭찬과 같다. 사실 칭찬과 아부를 구분하는 기준도 애매하다.

물을 겁내면 물놀이의 즐거움이 가득한 여름을 잃어버리는 것처럼, 아부를 지나치게 경계하다 보면 꼭 해야 할 칭찬을 놓치거나 잃어버리게 된다.

유머와 칭찬 그리고 아부는 사람의 마음을 얻을 수 있는 세 개의 열쇠다. 이 세 가지는 인간관계를 부드럽게 하는 3종 세트라고 할 수 있다.

우리가 살아가면서 배워야 할 것이 꼭 지식만은 아니다. 유머와 칭찬, 아부도 배워야 할 기술이다. 이들은 하나를 잘하면 다른 것도 잘할 수 있다는 공통점을 갖고 있다. 모양은 달라도 근본 원리가 비슷하기 때문이다. 접근 방법은 다르지만 최종적으로는 상대의 마음을 열고 그 안으로 들어가서 상대에게 좋은 영향을 주는 것이다.

성공한 삶, 행복한 삶은 혼자서는 불가능하다. 주변 사람들의 도움이 있어야 가능해진다. 성공한 사람들을 살펴보면, 주변 사람들을 행복하게 하는 일을 즐겨 한다는 걸 알 수 있다.

상대방이 즐거우면 나도 즐겁고, 상대방이 행복하면 나도 행복하다. 여러분의 아름다운 삶을 위하여 이 책을 기꺼이 바친다.

― 2015년 새해에, 운제 김달국

Contents

머리말 : 사람의 마음을 어떻게 얻을 것인가

유머: 마음을 여는 힘

2 칭찬: 마음을 얻는 힘

3 아부: 소통하는 힘

말 잘 하 는 사 람 들 의 3 가 지 비 법

1
유머

마 음 을 여 는 힘

80년을 살며
웃는 시간은
겨우 20일

 인간은 울면서 태어났지만 웃을 수 있는 유일한 동물이다.

웃음은 자연이 인간에게 준 가장 소중한 선물이며, 육체와 정신 그리고 인간관계에 좋은 영향을 준다. 장수하는 사람들 중에서 잘 웃지 않는 사람은 거의 없다.

인생 80년을 산다면 잠자는 시간이 26년, 일하는 시간이 21년, 먹고 마시는 시간이 9년, 화내는 시간이 5년, 기다리는 시간이 3년이라고 한다. 그에 비해 웃는 시간은 겨우 20일 뿐이라고 한다.

스탠포드 대학의 윌리엄 프라이 박사에 따르면, 유치원 아이들은 하루에 300번 웃는데 비해 어른들은 평균 15번 정도 웃는다고 한다.

웃음은 자연이 인간에게 제공한 가장 효과적인 약이다. 웃을 때는

; 유머

폐에 평소보다 더 많이 산소가 공급되어 운동을 한 것과 같은 효과가 있다. 한 번 웃으면 에어로빅을 5분간 하는 효과가 있다고 한다. 뿐만 아니라 엔돌핀이라는 건강 호르몬이 분비되어 임파구 생성이 활성화되고 면역능력이 강화되며, 마음속에 쌓인 스트레스가 풀리고 뇌 활동이 활발해지고 심장병도 예방된다.

또한 웃음은 마음을 열어주는 열쇠다. 상대를 향해 웃는 것은 내 마음을 열어주는 것이고, 상대를 웃게 하는 것은 상대의 마음을 열게 하는 것이다. 인간관계는 상대의 마음을 열게 하는 것부터 시작된다. 웃음은 긍정적인 사고를 갖게 하고 인간관계를 부드럽게 하며 친근감을 느끼게 한다.

불교에 '화안애어(和顏愛語)'라는 말이 있다. 온화한 얼굴과 사랑의 말은 상대에게 줄 수 있는 최고의 보시다. 누구나 할 수 있다. 그러나 우리는 너무 무겁게 살아가고 있다. 우리는 일상에서 거의 웃지 않는다. 웃을 일도, 웃겨주는 사람도 없다.

지금 우리에게 필요한 것은 '웃음'이다. 어른이 되면서 삶의 무게가 더해가고 많은 고민과 생각이 머릿속에 자리 잡으면서 우리의 사고는 점점 부정적으로 변해가고 있다. 웃음을 잃으면 건강도, 사람도 잃게 된다. 웃음을 가까이 하지 않으면 병원을 가까이 하며 살아가게 될 것이다.

한 번 웃으면
에어로빅을 5분간 하는 효과가 있다니까요!

그냥 웃지요..
웃으라니까 그러네..

열 번 웃는 것보다
한 번 웃기는 것이
더 낫다

 우리 주변에는 지키지도 못할 좋은 말과 글들이 너무 많다. 그런 말들은 사람의 마음을 움직이지 못한다. 지금 우리에게는 그럴 듯한 좋은 말보다 즐거움을 주는 말이 더 필요하다. 인터넷과 SNS에 떠도는 유머가 수없이 많지만 시원한 웃음을 주지 못하는 건 생활 속 유머가 아니기 때문이다. 우리에게 필요한 것은 생활 속의 웃음이다.

사람들은 너무 진지하고 무거운 것을 좋아하지 않는다. 심각한 드라마보다 개콘을 좋아하고, 무거운 이야기보다는 팝콘처럼 가벼운 대화를 더 좋아한다. 하지만 가볍기만 한 것은 오래가지 못한다. 형식은 가볍지만 그 속에 의미가 있는 유머를 일상에서 찾을 수 있다면 삶이 즐겁고 유쾌할 것이다.

사람들이 유머에 주목하는 이유는 가벼움과 유희를 즐기고 그 속에서 위안을 찾으려는 욕구가 크기 때문이다. 웃음을 유발시키는 가장 좋은 방법은 유머를 가까이 하는 것이다. 유머는 무미건조하고 각박한 세상을 즐겁고 유쾌하게 해주는 청량제다.

유머에는 사람을 기쁘게 하고 어루만져주는 힘이 있다. 누군가를 향해 웃는 것보다 더 소중한 것은 누군가를 웃게 만드는 것이다. 열 번 웃는 것보다 한 번 웃기는 것이 더 낫다.

웃는 사람보다 남에게 웃음을 줄 수 있는 사람이 더 행복하다. 남을 웃긴다는 것은 자신의 마음이 공허하지 않아야 가능한 일이며, 상대에 대한 애정이 있어야 할 수 있는 일이다. 당신을 웃게 만드는 사람이 주변에 있다면, 당신은 아주 행복한 사람이다. 그런 사람과 함께 있으면 저절로 기분이 좋아질 수밖에 없다.

세계 최고의 동기부여가 브라이언 트레이시는 "성공의 85%는 인간관계에 달려있으며, 훌륭한 인간관계를 만드는 핵심은 바로 웃음"이라고 했다. 인간관계에서 주고받는 웃음은 '신뢰'를 의미한다. 신뢰할 수 없는 사람 앞에서는 웃지도 않고 웃기지도 않는다.

상대를 웃게 하는 것은 내가 먼저 상대에게 손을 내미는 것과 같고 상대의 마음의 문을 열게 하는 것과 같다.

유머에는 열린 마음이 필요하다. 닫힌 마음에서는 절대 유머가 나오지 않는다. 유머는 상대의 마음을 열게 해주고, 꽉 막힌 곳을 청소해주는 효과가 있다.

유머는 갈등도 쉽게 풀어준다. 닫힌 마음이 열리면 이야기가 통하게 되고, 그 다음부터는 쉽게 풀린다. 친구나 애인, 가족 간의 갈등은 보통 사소한 일에서 시작된다. 하지만 해결하는 과정은 결코 사소하지 않다. 싸우면서 서로가 마음의 상처를 많이 받기 때문이다. 제때 풀면 쉬운 일도 때를 놓치면 풀기 힘들어진다. 이럴 때 누군가 한쪽에서 먼저 웃거나 웃기면 쉽게 끝날 수 있다. 일단 한쪽에서 먼저 웃으면 상대의 마음의 문이 열린다.

마크 트웨인은 "유머는 위대한 존재다. 웃음꽃이 피어나는 순간에 우리의 모든 짜증과 원한은 봄눈 녹듯이 사라지고 따뜻한 영혼이 그 자리를 대신한다"고 했다.

힐러리는 부부의 조건 중 하나로 '서로 웃게 만드는 것'을 꼽았다.

클린턴이 르윈스키와의 부적절한 행동으로 구설수에 올랐을 때, 그들의 결혼생활은 위태위태했다. 시간이 흘러 힐러리는 "그때 당시는 남편의 목을 비틀어 죽이고 싶을 만큼 미웠다"고 말했고, 결혼을 유지하기로 결정한 이유는 "그 동안 함께했던 시간이 너무나 소중했고 클린턴과 함께 늙어가고 싶었기 때문"이라고 했다.

그리고 한마디 덧붙였다.

"그럼에도 내가 여전히 그의 곁에 있는 이유는 그만큼 나를 웃게 만드는 사람이 없기 때문이다."

나를 웃게 해주는 사람, 이런 사람과 함께라면 즐겁고 행복한 삶을 살 수 있을 것이다. 남자든 여자든 나를 기쁘게 해주는 사람을 좋아하며, 유머 있는 사람에게 끌리게 마련이다. 즐거운 사람과 같이 있으면 꽃이 핀 들판을 걷는 것처럼 즐거워지고, 우울한 사람과 같이 있으면 안개비 속을 걷는 것처럼 우울한 기분이 든다.

재미있는 사람은 주위 사람들의 관심을 끌게 되어 있다. 유머는 사람들을 끌어들이는 힘이 있다. 사람들에게 인기 있는 사람들은 대개 유머감각이 뛰어나다. 유머는 내가 속한 곳의 분위기를 즐겁게 만들어주고, 사람과 사람 사이의 관계를 더욱 원활하고 윤기 있게 해준다.

하버드 대학에서도
'따분하지 않은 사람이 되라'고
가르친다

 말을 많이 하는 사람은 유머를 잘해야 한다.

말을 많이 하는 게 나쁜 것이 아니라 재미없는 말을 많이 하는 게 나쁜 것이다. 재미있는 말은 길어도 상대가 잘 들어준다. 오래 전 영화 〈벤허〉는 런닝타임이 네 시간이지만 전혀 지겨운 줄 모르고 빠져들 수 있다. 재미있기 때문이다.

말을 많이 하더라도 재미있게 해야 한다. 재미있으면 긴 이야기도 지루하지 않다. 유머가 섞여 있지 않다면 하고 싶은 말을 간결하게 하는 것이 좋다.

'촌철살인'이란 말이 있다. 뛰어난 칼잡이는 칼을 많이 휘두르지 않는다. 아마추어는 말을 길게 하지만 프로는 핵심을 짧게 말한다.

진정한 전문가란 어려운 말로 자신의 지식을 자랑하는 사람이 아니라 쉽고 간결한 말로 이야기할 수 있는 사람이다.

말이 길어지면 상대가 집중하기 어렵다. 명언과 명연설은 짧다. 말이 길면 내용이 아무리 좋아도 지루하기 마련이다. 많은 사람들이 공감할 수 있고 기억할 수 있어야 명언이 되고 명연설이 될 수 있다. 대화도 마찬가지다. 상대방의 관심도 끌지 못하고 재미도 없는 대화를 하는 것보다 유머, 비유, 반전 등의 기법을 통해 듣는 사람에게 기쁨을 주는 대화를 하는 사람이 환영받는다.

유머는 상대방을 배려하는 행동이다. 유머 없이 말을 많이 하는 것은 상대방을 오아시스 없는 사막을 걷게 하는 것과 같고, 맛 없는 음식을 억지로 먹게 하는 것과 같다. 말을 할 때는 요리를 하는 것과 같이 해야 된다. 요리는 영양도 있고 맛도 좋아야 한다. 아무리 영양이 풍부해도 맛이 없으면 먹기가 힘들다. 유머는 음식의 맛을 결정짓는 양념과도 같다. 말하려고 하는 내용이 있어야 하고 재미도 있어야 한다. 같은 말이라도 재미가 있어야 상대가 잘 들어주기 마련이다.

'같은 값이면 다홍치마'라는 말도 있듯이 같은 내용이라도 재미있게 표현하면 듣는 사람의 기분이 좋아진다.

영국의 극작가 오스카 와일드는 "이 시대의 선과 악은 착하고 나쁜 것이 아니다. 지루한 것이 악, 재미있는 것이 선이다"라고 했다.

하버드 대학의 교육목표 중 하나는 '따분하지 않은 사람으로 키우는 것'이라고 한다.

요즘은 책이든, 영화든, 드라마든, 강연이든 모두 재미가 있어야 한다. 물론 내용도 중요하다. 하지만 재미가 없으면 독자나 관객, 시청자로부터 외면당한다. 그래서 요즘 영화나 드라마에서는 주연보다 더 빛나는 조연들의 비중이 커지고 있다. 그들은 대개 웃기는 캐릭터를 가지고 있다. 주연의 연기는 기억에 남지 않지만 웃기는 조연의 연기는 기억에 남는다.

강의를 할 때도 마찬가지다. 내용도 좋아야겠지만 아무리 좋은 내용과 도움이 되는 지식이라 할지라도 지루하거나 재미가 없으면 효과가 떨어진다. 재미가 없으면 청중은 집중하지 못하고 마음을 열지 않는다. 청중들의 마음의 문을 열기 위해서는 강사와 청중 간의 보이지 않는 벽을 허물어주는 것이 필요하다. 그래서 명강사들은 청중과 함께 웃음을 나누기 위해 재미있는 이야기나 유머를 준비하여 한바탕 웃고 강의를 시작하는 경우가 많다.

굳이 강의가 아니더라도 요즘은 보통사람들도 대중 앞에 서는 일이 많아지고 있다. 1분간 돌아가면서 자기소개를 하는 일도 있고, 건배를 제의하는 일도 많아졌다. 1분은 짧은 시간이지만 대부분 그 시간을 다 채우지 못한다. 자기 이름과 사는 곳, 하는 일만 말하면 20초 이내에 끝난다.

자기소개는 상대방에게 나를 알리는 것이다. 평범하게 소개해서는 나를 잘 알릴 수 없다. 어쨌든 튀어야 상대방 머릿속에 기억될 수 있다. 1분은 A4 용지의 절반을 채우는 분량이다. 1분은 얼마든지 재미있게 자기소개를 할 수 있는 시간이다.

건배사도 마찬가지다. 너무 평범하거나 장황하면 안 된다. 술잔을 들고 있다가 내려놓는 사람이 나올 정도면 멋진 건배사가 아니다. 건배사는 짧고 독특해야 상대방의 기억에 남고 분위기도 살릴 수 있다. 거기에 유머까지 섞여 있다면 금상첨화다.

유머의 원천은
기쁨이 아니라
슬픔

과거에는 잘 웃기는 사람을 '가볍고 싱거운 사람' 이라 부르며 살짝 무시하는 경향이 있었지만 요즘에는 이 '싱거운 사람'이 각광받는 시대가 되었다. 유머감각은 이제 사회생활에서 아주 중요한 조건으로 꼽히고 있다.

심지어 권위의 상징으로 여겨졌던 정치권과 종교계에서도 유머가 없으면 환영받지 못하는 시대가 되었다. 정치에 유머가 없으면 폭력적으로 흐르기 쉽고, 종교의 가르침에 유머가 없으면 인간미가 사라지고 논리만 남게 된다.

최근에는 신입사원 선발기준도 변하고 있는 추세다. 일반적인 스펙보다는 얼마나 인문학적인 소양과 융통성을 많이 갖추었는가에 초점을 맞추게 된 것이다. 인문학적인 소양이란 사고의 확장을 말하며, 융통성은 사고의 유연성을 뜻한다. 유머가 있는 사람은 이 두 가지를 다 가지고 있는 사람이다.

사랑할 수 있는 모든 조건이 갖추어졌을 때 하는 사랑은 진정한 사랑이 아니다. 사랑이 아니면 견디기 힘든 악조건 속에서 피어나는 사랑이 진정 아름다운 사랑이다.

유머도 마찬가지다. 인간은 어떤 환경 속에서도 유머를 할 수 있다.

유머는 기쁘고 즐거울 때 하는 것이 아니라 오히려 슬프고 힘든 상황에서 하는 것이다. 그럴 때 하는 유머는 더욱 빛을 발휘한다.

마크 트웨인이 말한 것처럼 "유머의 원천은 기쁨이 아니라 슬픔"이다. 삶이 즐거워서 유머를 하는 게 아니라 살아가면서 유머마저 없다면 삶이 너무 힘들기 때문에 유머를 하는 것이다. 유머는 우리의 삶이 시들지 않게 해주는 산소와 같은 역할을 한다.

유머가 있는 사람은 세상을 살아가면서 세파에 휩쓸리지 않으며, 역경에 처해도 마음의 평정을 유지할 수 있다. 유머를 한다는 것은 비록 세상살이가 힘들어도 그 속에서 웃음과 여유를 갖는 것이다.

유머는 기본적으로 정신적 여유가 있어야 가능하지만, 어렵고 답답한 상황일수록 더욱 유머가 필요하다. 그런 상황에서 유머를 구사할 수만 있다면 여유는 저절로 생겨난다.

링컨연구 전문가에 따르면, 링컨은 총 27번의 좌절과 실패를 거듭했다고 한다. 그는 선거에서 아홉 번 낙선하고 실직, 사업실패, 약혼자의 죽음, 아들의 죽음 등 가정과 정치생활에서 보통사람이라면 감당하기 힘들 만큼 수많은 실패를 겪었다.

링컨이 너무나도 많은 실패를 거듭하자, 친구들이 그의 주변에서 칼과 면도날을 다 치워버릴 정도였다고 한다. 그러나 링컨은 절망의 감옥에 갇혀 있지 않았다. 어려울 때마다 그는 정신적 고통과 스트레스를 유머를 통해 달랬다.

링컨은 죽지 않기 위해 웃어야 했다. 밤낮으로 짓누르는 두려운 고통 때문에 웃지 않았다면 자살을 했을지도 모른다.

그는 스스로에게 이렇게 말하곤 했다.

"괜찮아, 길이 약간 미끄럽긴 해도 낭떠러지는 아니야."

그런 좌절과 실패를 겪었던 그가 드디어 52세에 대통령에 당선되었다. 그는 남북전쟁을 승리로 이끌었고, 노예해방과 같은 큰 업적을 남겨 미국에서 가장 위대한 대통령이 되었다.

링컨이 미국인 뿐만 아니라 전 세계 사람들에게 존경받는 이유가 단지 위대한 업적 때문만은 아닐 것이다. 수많은 실패와 어려움에도 불구하고 늘 유머를 잃지 않았던 그의 인간적인 면이 더 오래 기억되고 있기 때문일 것이다.

유머는 고도의 지적이면서도 긍정적인 활동이다. 그것은 규칙적으로 뇌를 단련시켜주는 습관이며, 역경과 고난이 닥쳤을 때 긍정적인 사고를 하게 하여 위기를 극복할 수 있게 도와준다. 처음에는 긍정적인 사람이 유머를 하지만 나중에는 유머를 하는 사람이 긍정적인 사람으로 변한다.

유명한 설교가이자 목사였던 헨리 워드 비쳐의 말처럼, 유머감각이 없는 사람은 스프링 없는 마차와 같아 길 위의 모든 조약돌을 밟을 때마다 삐걱거린다. 유머는 삐걱거릴 수도 있는 상황을 부드럽게 해주며 자칫 비극처럼 볼 수도 있는 상황을 희극처럼 볼 수 있게 만들어준다. 상황을 객관적으로 볼 수 있는 여유가 있어야 유머를 할 수 있기도 하지만, 유머를 함으로써 그런 여유가 생기기도 한다.

강력한 설득수단이자
나를 보호해주는
에어백

 유머는 직접 말하기 어려운 것을 직설적이지 않으면서 부드럽게 자신의 의견을 관철시킬 수 있도록 도와주기도 한다.

링컨이 강도 혐의로 형사재판을 받게 된 한 젊은이의 변호를 맡게 되었을 때의 일화다.

링컨은 젊은이의 무죄를 확신하고 이렇게 변호했다.

"피고 어머니의 증언에 따르면, 피고는 세상에 태어난 후 한 번도 자기네 농장을 떠나본 일이 없다고 합니다. 그는 출생 이후 줄곧 농장일만 해왔다는 것이지요. 이런 피고가 어떻게 농장에서 멀리 떨어진 객지에서 강도짓을 할 수 있었겠습니까? 도저히 있을 수 없는 일입니다."

링컨의 말이 끝나기가 무섭게 검사가 질문했다.

"변호사의 말에 따르면, 피고는 출생 이후 한 번도 농장을 떠난 적 없이 줄곧 농장일만 했다고 하는데, 아니 그럼 피고는 한 살 때도 일을 했단 말입니까? 대체 그때 무슨 일을 했다는 말입니까?"

검사가 말꼬리를 잡고 늘어진 것이다.

링컨은 당황하지 않고 대답했다.

"네, 피고는 태어나자 마자 젖 짜는 일을 했습니다. 다만 그때는 소의 젖이 아니라 그의 어머니의 젖이었습니다."

그 말에 방청객은 물론 판사까지도 신성한 법정에서 대놓고 웃지는 못하고 웃음을 참기 위해 아주 고통스러운 표정을 지었다. 그 젊은이는 결국 무죄 판결을 받았다.

유머는 곤란하거나 위험한 상황을 한 방에 뒤집을 수 있는 강력한 무기가 될 수도 있다. 유머야말로 강력한 설득수단이며, 자신을 보호할 수 있는 에어백이다.

옛날에 왕을 위해 열심히 일을 한 광대가 있었다.

그런데 어느 날, 그 광대가 돌이킬 수 없는 실수를 저질러 왕의 노여움을 산 나머지 사형을 당하게 되었다. 왕은 그 동안 광대가 자신을 위해 노력한 것을 감안하여 마지막으로 자비를 베풀기로 했다.

"너는 큰 잘못을 저질러 사형을 면할 수 없느니라. 그러나 네가 오랫동안 나를 즐겁게 해준 것을 참작하여 네가 원하는 방법으로 죽이기로 하겠다. 네가 선택을 해라. 어떤 방법으로 죽기를 바라느냐?"

한동안 말을 잇지 못하던 광대가 이윽고 입을 열었다.

"자비로우신 왕이시여, 제가 원하는 죽음이 딱 하나 있기는 합니다."

왕은 재촉하여 물었다.

"그래, 그것이 무엇이냐?"

광대는 존경하는 눈빛으로 왕을 우러러보며 한참 후에 말했다.

"왕이시여, 저는 늙어 죽고 싶사옵니다."

이에 웃음보가 터진 왕이 말했다.

"네가 마지막까지 나를 웃기는구나. 그래, 네게는 늙어서 죽는 형을 명하겠노라."

나를 웃겨주고 즐겁게 해주는 사람에게는 악하게 할 수가 없다. 이것이 유머의 힘이다.

반전 없는 유머는
바람 빠진 풍선

 웃는 사람이 보약을 한 첩 먹은 것과 같다면, 웃기
는 사람은 상대에게 보약을 한 첩 주는 것과 같다.

사람들을 웃기고 싶어도 어떻게 웃기는지 모르는 사람들이 많다.
사실 누군가를 웃기는 것은 눈물을 흘리게 하는 것보다 더 어려운 일
이다. 요즘 우리는 웃어줄 만한 이유가 없으면 좀처럼 웃지 않는다.

이집트인들은 사람이 죽어 신에게 불려가면 천국에 갈지 지옥에
갈지 결정하는 질문 두 개가 있다고 믿는다. 하나는 "인생에서 기쁨
을 찾았는가?"이며 다른 하나는 "남에게 기쁨을 주었는가?"이다.

이 질문에 "예"라고 대답할 수 있는 사람은 설사 천국에 가지 못
한다고 해도 슬퍼할 필요가 없다. 그런 사람은 이미 천국에서 산 것
처럼 살았기 때문이다. 이승에서 천국처럼 산 사람은 저승에 가서

도 천국처럼 살 것이고, 이승에서 지옥처럼 산 사람은 저승에서도 그렇게 살 것이다.

다른 사람을 행복하게 해주면 나도 행복해진다. 다른 사람을 웃게 만들면 나도 같이 웃게 되고, 울게 만들면 나도 같이 울게 된다.

운전을 배우기 위해 자동차의 구조와 교통법규를 알아야 하듯이, 유머를 하기 위해서는 유머의 구성요소와 웃음이 만들어지는 원리에 대해 먼저 알아야 한다. 좀 딱딱하게 느껴질 수도 있겠지만, 원리를 알고 나면 유머도 배울 수 있는 것이고 하면 할수록 늘 수 있는 장르라는 걸 쉽게 체감하게 될 것이다.

먼저, 유머로써 갖추어야 할 구성요소에 대해 알아보자.

첫째, 삼단구조와 반전이다.

대부분의 유머는 삼단구조로 되어 있고 마지막에는 반전이 있다.

유머에서 가장 중요한 것은 반전이다. 반전이 없는 유머는 바람 빠진 풍선과도 같다. 평평한 길을 가다가 갑자기 움푹 파인 곳에 발을 내딛을 때의 느낌과 같이, 전혀 생각하지 않은 곳으로 이야기가 반전될 때 웃음은 저절로 터져 나온다.

한 젊은이가 95세 생일을 축하하는 자리에 초대받았다.

"어르신, 장수의 비결이 무엇입니까?"

"나는 술도 안 마시고 담배도 안 피워. 여자들과 어울리지도 않지."

바로 그때 2층에서 부딪치는 소리가 심하게 났다.

젊은이가 물었다.

"저건 무슨 소립니까?"

"우리 아버님이라네. 또 취하셨네."

초장에는 인물과 장소 등 상황을 설명한다. 중장에는 사건을 빠르게 전개시키고 종장에서는 전혀 예상하지 못한 반전을 주어 빵! 터지게 만든다. 이것이 유머의 생명인 삼단구조와 반전이다.

반전에 반전을 거듭하는 것도 있다.

한 아가씨가 이웃에 사는 남자와 사랑을 하게 되었다. 사랑이 무르익어 결혼을 약속하고 아버지에게 그 사실을 알렸다. 그 이야기를 들은 아버지는 몹시 당황하였다. 딸은 영문을 알 수 없었다. 며칠을 고민하던 아버지가 딸을 조용한 곳으로 불러 조심스럽게 말했다.

"이제 와서 솔직하게 털어놓지 않을 수 없다. 사실 그 남자는 오래 전에 아빠가 그 어머니랑 사귀면서 임신한 아이란다. 결국 너와 한 핏줄이니 이 결혼은 허락할 수 없다."

그 말을 들은 딸은 충격을 받았다. 며칠을 고민한 끝에 엄마에게 가서 사실대로 이야기를 하고 결혼을 허락해달라고 했다.

그런데 그 말을 들은 엄마가 너무도 태연하게 말했다.

"나도 이제 와서 뭘 숨기겠니? 너는 그 집과 아무 상관없다. 피 한 방울 안 섞였다. 너는 네 아빠 딸 아니다. 그러니 결혼해도 아무 상관없다."

유머에 삼단구조가 아닌 것은 있어도 반전이 없는 것은 없다. 남자를 나이별로 불에 비유하는 말이 있다.

10대는 성냥불 ― **스쳐만 가도 불이 붙는다.**
20대는 장작불 ― **옆에만 가도 활활 타오르는 열기가 느껴진다.**
30대는 모닥불 ― **은은하게 낭만적으로 타오른다.**
40대는 연탄불 ― **불을 붙이기는 어렵지만 한번 붙으면 오래 탄다.**
50대는 화롯불 ― **다 죽은 줄 알았는데 뒤져보니 아직도 속 불이 있다.**
60대는 담뱃불 ― **빨아야 살아난다. 그렇지 않으면 죽는다.**
70대는 반딧불 ― **불도 아니면서 불인 체 한다.**

여기서 '반딧불'이 반전이다. 60대까지 그럴듯하게 잘 나가다가 마지막에 '반딧불'에서 웃음이 터지는 것이다. 유머는 종류는 달라도 대체로 이런 구조를 가지고 있다.

반전은 유머에만 있는 것이 아니다. 모든 문학작품과 드라마 그리고 영화에는 반전이 있어야 재미가 있다. 반전이 얼마나 극적이

말 잘하는 사람들의 3가지 비법

냐에 따라 재미가 달라진다.

유머는 결코 논리적인 방향으로 흐르지 않는다. 이야기가 어떤 방향으로 흐르도록 만들어놓고 나서 막판에 예상 밖의 반전을 집어넣는 것이다. 결론이 예상한 대로 흘러가면 재미가 없기 마련이다.

유머가 재미있으려면 서론이 너무 길면 안 된다. 초장, 중장은 마지막에서 한꺼번에 빵! 터뜨리기 위한 준비단계이기 때문에 마지막 말의 효과를 극대화시키려면 본질적인 요소만 남기고 군더더기가 없어야 한다.

상황설명은 단순하고 속도감이 있어야 한다. 그래야 그 다음에 어떤 일이 벌어질까 궁금하고, 마지막 단계에서 극적인 반전효과가 나오는 것이다.

다른 사람들 앞에서 말하는 것을 두려워하는 사람이 말을 잘하는 사람에게 물었다.

"어떻게 하면 다른 사람 앞에서 말을 잘할 수 있나요?"

그는 상대가 묻는 의도를 잘 알고 있었다. 그래서 한마디로 말했다.

"상대방을 무시하면 됩니다."

전혀 기대하지 않았던 말이었다. 이것이 촌철살인이면서 역설적인 표현이다. 그리고 핵심을 놓치지 않았다. 중장은 생략되었지만 큰 반전이 있었기에 모두가 웃을 수 있다.

유머가 삼단구조를 갖는다고 해서 유머를 할 때 초장부터 종장까지 다 말해야 하는 것은 아니다. 초장과 중장이 이미 만들어진 경우에는 말 한마디로 폭소를 자아내게 하는 경우도 많다.

유머를 잘하는 사람은 결정적인 순간에 풍선을 잘 터뜨리는 사람이다. 풍선을 반드시 내가 불어야 하는 것은 아니다. 이미 잘 부풀어진 풍선에 뾰족한 끝을 갖다 대기만 하면 된다. 끝부분을 상대가 전혀 예상하지 못한 것으로 마무리하면 대부분 빵! 터진다. 그 웃음은 속았다는 것을 인정할 때 나오는 것이다.

상황에 따라 적절하게 그런 것을 잘 활용할 줄 아는 사람이 유머 감각이 뛰어난 사람이다. 다시 한번 강조하면, 유머의 핵심은 반전에 있고 유머는 반전을 연출하는 지적이며 유쾌한 작업이다.

반전을 줄 때 가장 중요한 것은 '기습'이다. 반전은 기습에서 나오는 것인데 그걸 미리 알려주면 기습이 아니다. 유머는 언제 터질지 모르는 시한폭탄이나 어디로 튈지 모르는 럭비공과 같아야 한다. 갑자기 터지거나 엉뚱한 곳으로 방향을 틀 때 웃게 된다.

재미있는 유머는 듣는 사람이 전혀 추측할 수 없을 정도로 전개된다. 기습의 효과를 높이기 위해서는 결정적인 순간에 자신이 먼저 웃으면 안 된다. 결론을 미리 알면 진짜 웃어야 할 대목에서 이미 김빠진 상태가 되어 흥미를 잃어버리기 때문이다. 반전을 줄 때는

이미 잘 부풀어진 풍선에
뽀족한 끝을 갖다 대기만 하면 웃음이 빵!!

아무 일도 없는 것처럼 태연하게 해야 한다.

때로는 시치미 뚝 떼고 능청스러운 연기가 필요하다. 그리고 마지막까지 숨겨야 할 결정적인 단어를 미리 말해버리면 안 된다. 웃음의 핵심적인 요소를 살리기 위해서는 숨길 것은 끝까지 숨겨야 한다.

한 여자가 아기를 안고 버스에 올라탔다. 운전기사가 말했다.

"내 평생 이렇게 못생긴 아기는 처음 봐요."

여자는 화가 난 채로 버스 뒤쪽 좌석에 앉아 옆 사람에게 말했다.

"운전기사한테 방금 모욕을 당했어요."

그러자 옆 사람이 대답했다.

"당장 가서 항의하세요. 어서! 걱정하지 말고 가요. 그 원숭이는 내가 봐줄 테니까!"

이 유머의 핵심은 '원숭이'다. 핵심을 살리기 위해서 여자가 옆 사람에게 이야기할 때 모욕을 당한 이유를 숨겨야 했다. 그래야 끝부분에서 '원숭이' 효과를 최대한 살릴 수 있기 때문이다.

설명해야 알아듣는 유머는
유머가 아니다

 유머가 갖추어야 할 두 번째 요소는 '공감대'다. 상
대방과 일치하는 공감대가 있어야 한다. 상대가 가
려워할 때 가려운 곳을 긁어주어야 시원하다. 상대가 공감하는 부
분을 적절한 시점에 건드려줄 때 순간적으로 웃음이 터져나온다.

공감하지 못하는 이야기로 웃기려고 하는 것은 서로 다른 언어로
이야기하는 것과 같다. 설명하지 않아도 웃을 수 있어야 유머다. 설
명을 해주어야 되는 상황이라면 상대를 웃길 수 없다.

"저는 재임기간 동안 여러분에게 20년 이상의 뉴스거리를 제공
했습니다."

임기만료를 앞둔 클린턴 대통령이 출입기자단과의 만찬에서 한
말이다. 기자들은 이 말에 웃음을 터뜨렸다.

클린턴은 르윈스키와의 스캔들로 엄청난 곤욕을 치렀지만 이제
는 그것을 유머의 소재로 삼을 만큼 여유가 생겼다는 뜻이다. 기자
들 역시 잘 알고 있었으므로 공감할 수 있었고 웃을 수 있었다.

누군가가 적절한 상황에서 개콘의 유행어를 말하면 그 뜻을 아는
사람은 웃겠지만 그 뜻을 모르는 사람은 웃지 못할 것이다. 어떤 가
수의 노래를 모창하거나 인기 연예인의 성대묘사를 하더라도 그 대
상이 되는 사람을 모르면 재미가 없다. 공감할 수 있느냐 없느냐의
차이라고 할 수 있다. 성(性)을 소재로 한 유머가 많은 이유도 성은
누구나 공감하는 공통의 관심사이기 때문이다.

유머는 상대방이 공감할 수 있는 소재를 활용해야 효과가 있다.
한 곳에서 잘 통하던 유머가 다른 곳에서 잘 통하지 않을 때는 서로
공감대가 다르기 때문이다. 유머는 상대방의 수준에 맞춰서 해야
한다. 고급 유머를 한 것 같은데 청중들이 도무지 이해를 못하거나,
의도가 좋은 유머라도 상대가 받아들일 수 없다면 잘못된 유머다.

던졌을 때 터지지 않는 수류탄은 쇳덩어리에 불과하듯이 유머를
던졌는데 설명이 필요하다면 유머가 아니다.

어떤 내용을 전달하든 결국 그것을 이해하고 받아들이는 것은 듣
는 사람에게 달려 있다. 잡으려는 물고기에 따라 낚시꾼이 사용하
는 미끼가 다르고, 환자에 따라 의사의 처방전이 다르듯이 말을 할
때에는 듣는 사람이 잘 이해하고 공감할 수 있도록 해야 한다.

무엇에 쓰는 물건인고?

수류탄인가요? 유머인가요?
대체 언제 빵! 터지게 해줄 건가요?

누구나 웃어주는
말장난

 유머에 필요한 셋째 요소는 동음이의법, 즉 중의법
이다. 같은 발음인데 전혀 다른 의미로 쓰일 때 빵!
터지는 것이다.

발음은 같지만 뜻이 다른 말을 해서 잠시 속이는 것이다. 이것은
자신이 속았다는 것을 아는 순간 웃음이 터져 나오게 하는 일종의
언어유희, 즉 말장난이다. 이 방법은 유머감각이 부족한 사람부터
유머의 고수까지 다 사용하는 방법이다.

어떤 사람이 인터넷 게시판에 '공개사과'라는 제목으로 글을 올
렸다.

제목에 끌려 내용을 보니 공 한 개, 개 한 마리, 사과 한 개가 있었
다. 웃지 않을 수 없다.

이런 종류의 유머는 무수히 많다. 초보자들도 조금만 고정관념을 버리면 쉽게 사용할 수 있다.

- 의사와 엿장수가 좋아하는 사람은? : **병든 사람**

- 전축을 틀면 흘러나오는 소리는? : **판소리**

- 고자가 주식회사를 만들 수 없는 네 가지 이유는?

   : **고자는 발기대회를 할 수 없고, 정관을 만들 수도 없다. 그리고 회사가 어려울 때 난관을 헤쳐나갈 수도 없고 사정할 수도 없기 때문이다.**

- 여자가 좋아하는 남자는? : **서 있는 남자**

- 남자가 좋아하는 여자는? : **속 좁은 여자**

- 혼자 된 할머니와 설교를 못하는 목사의 공통점은? : **영감이 없다.**

일요일 새벽, 운동을 좋아하는 남편이 나가고 며느리가 새벽잠을 즐기고 있는데 시어머니에게서 전화가 왔다.

"예, 어머님! 아침 일찍 어쩐 일이세요?"

"애비 있냐?"

"족구 하러 갔어요."

"뭘 구하러 가? 제 꺼는 어쩌고 새벽부터 구하러 다니냐?"

"…"

사자와 하마가 백화점에 갔다.

"우리 저거 사자."

"네 말대로 하마."

"뭐 좀 물어봐도 될까요?"

"네. 살살 물으세요."

어느 날 아침, 법정스님이 한 불자의 집으로 전화를 하였는데 그 집 보살이 받았다.

"여보세요. 법정입니다. 처사님 좀…."

그러자 수화기 저편에서 들려오는 자그마한 목소리….

"여보! 당신 무슨 죄 지었어요? 왜 법정에서 전화가 와요?"

적절한 비유
한마디

 귀에 콕 박히는 말이 있다. 번개가 치고 나면 바로 천둥이 울리는 것처럼, 상대방이 공감하는 적절한 비유 다음에는 울림이 있다.

말 잘하는 사람들은 비유법을 잘 쓴다. 비유는 소통에 있어 아주 중요한 수단이다. 멋진 비유는 유머 못지않은 폭발력을 갖고 있다. 멋진 비유를 들으면 청량음료를 마신 후 가슴 속에서 탁 터지는 것과 같은 맛이 있다.

어느 작가가 책 내용과 관련한 주제로 강연을 하게 되었다. 사회자의 소개가 끝난 후 작가는 인사를 하면서 이런 비유를 한다.

"짜장면을 맛있게 먹었으면 그만이지, 왜 주방장을 나오라고 하느냐?"

; 유머

청중들은 이 멋진 비유에 웃음을 터뜨렸다.

비유는 직접 대놓고 말하기 곤란한 것을 약간 돌려서 이야기하므로 곤란한 상황을 만들지 않으면서도 효과적으로 메시지를 전달할 수 있다. 그래서 상대를 가르친다는 느낌을 주지 않으면서 내 뜻을 전달해야 하는 토론이나 상대의 감정을 다치게 하지 않고 설득해야 할 때, 비유를 많이 사용한다.

한비자는 "군주를 칭찬할 때는 비슷한 사례를 들어서 칭찬하고, 군주의 일을 바로잡고자 할 때는 유사한 일을 들어서 충고한다"라고 말했다.

1970년대에 박정희 대통령이 저속한 코미디가 미풍양속을 해친다는 이유로 코미디 프로그램을 없애려고 한 적이 있었다. 지금 생각하면 말이 안 되는 이야기지만 그때는 거리에서 장발단속도 했었고 잘 나가던 대중가요도 단어 하나 때문에 금지곡으로 묶이는 시기였으니 충분히 가능한 얘기였다. 그런 와중에 코미디언 구봉서는 박 대통령을 만날 수 있는 기회가 생기자 이렇게 이야기했다.

"코미디 프로를 없앤다는 이야기를 들었습니다. 저속한 코미디한두 개 있다고 코미디를 없앨 거면 가끔 교통사고를 내는 택시도 다 없애야 하지 않겠습니까?"

이 말에 박 대통령은 빙그레 웃었고 얼마 후 코미디 프로를 없앤다는 방침은 없던 일이 되었다.

멋진 비유는 짧으면서도 많은 의미를 강하게 전달할 수 있다. 어려운 것도 비유해서 설명하면 쉽게 이해할 수 있다. 장자와 논쟁을 즐겼던 혜자는 "모르는 것을 예로 들어 설명하면 여전히 알 수 없다. 알고 있는 것을 비유로 들어서 설명해야 한다"고 말했다.

비유는 사람들에게 말하고자 하는 뜻을 가장 잘, 그리고 확실하게 전달해준다. 비유는 사람들로 하여금 상상하게 만들고 이미지를 머릿속에 그리게 만들기 때문이다.

아인슈타인은 상대성이론을 알기 쉽게 설명해달라는 요청을 받자 "미인과 함께 있으면 1시간이 1분처럼 느껴지지만 뜨거운 난로 위에서는 1분이 1시간보다 길게 느껴지는 것과 같다"고 흥미로운 비유를 들어 답변했다. 그러면서 아인슈타인은 "옆집 할머니가 알아듣게 설명하지 못하면 상대성이론을 알고 있는 게 아니다"라고 말했다. 이것이 비유의 힘이다.

명언 중에도 비유법을 사용한 말이 참으로 많다. 도쿠가와 이에야스는 힘든 삶을 살아가면서 절대로 조급하게 서두르지 말라는 말을 하면서 "인생은 무거운 짐을 지고 먼 길을 가는 것과 같다"고 했다. 인생의 짧음을 "인생이란 문틈으로 백마가 달려가는 것을 보는 것과 같다(人生如白駒過隙)"고 비유한 말도 있다.

멋진 비유는 잘 그린 한 폭의 그림을 보는 것과도 같다. 멋진 그림이 많은 메시지를 전달하는 것처럼, 멋진 비유는 많은 것을 전달하며 더 이상 토를 달지 못하게 하는 힘이 있다.

"피아노를 산다고 피아니스트가 되는 것은 아니며, 아이를 낳는다고 부모가 되는 것도 아니다."

"통장 확인을 자주 한다고 돈이 느는 것이 아니듯 애를 옆에서 봄는다고 애가 공부를 잘하는 것은 아니다."

누군가를 설득하려고 할 때는 말을 많이 하면 안 된다. 오히려 상대가 많은 말을 하도록 하는 것이 좋다. 적절한 비유 한마디로 충분히 메시지를 전달할 수 있다. 길게 말하면 오히려 잔소리가 되어 역효과가 날 수도 있다. 짧은 말로 상대를 설득하는 데는 비유가 효과적이다.

운전할 때 안전벨트를 매라고 열 번 말하는 것보다 이런 말 한마디를 하는 게 더 낫다.

"아이에게 안전벨트를 매지 않게 하는 것은 3미터 다이빙대에서 아이를 물 없는 풀장으로 밀어넣는 것과 같다."

"차분하게 경력을 쌓아 돈을 벌고 기반을 닦은 후 제가 원하는 삶을 살겠습니다"라고 말한 대학생에게 워런 버핏은 이렇게 답했다.

"가장 멍청한 소리군. 그 말은 젊었을 때 섹스를 하지 않다가 나이 들어 한꺼번에 하겠다는 말과 똑같네."

독일의 은행가 헤르만 요제프 압스는 이윤에 대해 섬뜩할 만큼 확실하게 정리해주고 있다.

젊을 때는 일만 열심히 하다가
섹스는 나이들어 한꺼번에 하겠다고??

"이윤이란 숨쉬기 위해 필요한 공기만큼이나 필수적이다. 그러나 이윤만을 위해서 경영하는 것은 마치 숨쉬기 위해서만 사는 것처럼 어리석은 일이다."

"내가 결혼에 대해 이야기하는 것은 마치 타이타닉호 선장이 항법에 대해 가르치는 것이나 마찬가지다."

이혼을 세 번이나 한 토크쇼의 달인 자니 카슨의 말이다.

'어떤 형태로든, 어떤 주제에 대해서든 논쟁을 하지 마라. 논쟁으로는 목적을 달성할 수 없다. 싸워 이겼지만 승자에게 아무 것도 돌아가지 않는 전쟁이 논쟁이다.'

이런 내용을 "수술은 잘 되었지만 환자가 죽었다"로 표현하면 머릿속에 그림이 선명하게 그려져 더 이상의 설명이 필요 없다.

사랑에 대한 정말 멋진 비유가 있다.

"한 아이가 바닷가 백사장에서 모래를 가지고 놀고 있습니다. 하얀 모래를 두 손 가득히 움켜잡았습니다. 이것이 사랑입니다. 손을 들어올리자 모래가 손가락 사이로 흘러내리고 말았습니다. 이것이 이별입니다. 흘러내리는 모래를 막아보려 하지만 멈추지 않습니다. 이것이 미련입니다. 다행히 손 안에는 모래가 남아 있습니다. 이건 그리움입니다. 집에 가기 위해 모래를 탁탁 털었습니다. 그랬더니 손바닥에 남은 모래가 금빛으로 반짝입니다. 이것이 추억입니다. 아무리 털어도 털어지지 않는 모래는 사랑의 은은한 여운입니다."

카릴 제미슨의 '한 모금 이론'에 나오는 글이다. 이 짧은 글은 마치 한 권의 멋진 연애소설이나 사랑학개론을 읽은 느낌이 들게 한다. 비유는 전하고자 하는 메시지를 설득력 있게 전달해준다.

부처님도 비유의 귀재였다.

한 사람이 부처님을 찾아와 마구 욕을 했다. 친구가 부처님 소문을 듣고 출가를 해서 화가 났기 때문이다.

부처님은 아무 대꾸도 하지 않고 그냥 잠자코 있었다. 그리고 욕설이 다 끝난 뒤에 부처님께서는 말씀하셨다.

"그대의 집에 손님이 오면 음식을 잘 준비해서 대접을 할 것이다. 그런데 만약 그 손님이 음식을 먹지 않으면 그 음식은 누가 먹어야 하는가?"

그랬더니 그 사람이 대답했다.

"그야 당연히 나와 가족들이 먹지요."

"지금 그대는 나에게 심한 욕을 하였다. 그런데 나는 욕을 받지 않았다. 그럼 그 욕은 누구에게로 가는가?"

그 사람은 크게 깨닫고 부처님의 제자가 되었다.

제자 아난이 부처님께 "죽은 다음 다시 사람의 몸으로 태어나기란 어느 정도 어렵습니까?"라고 묻자 부처님은 '맹구부목(盲龜浮木)'이란 비유를 통해 설명했다.

"눈먼 거북이가 백 년에 한 번씩 바다위로 떠오르는데 우연히도 역시 그 넓은 바다에 떠다니던 단 하나의 판자, 그것도 그 판자에 나 있는 구멍으로 거북이 머리를 들이밀 수 있는 확률이 얼마나 되겠느냐?"

불가의 선사들도 비유의 달인들이었다.

"달을 가리키면 달을 봐야지 손가락 끝은 왜 보고 있나?"

"학의 다리가 길다고 자르지 마라."

"수레가 앞으로 가지 않는다면 수레를 때려야 하는가? 아니면 소를 때려야 하겠는가?"

성경도 비유로 가득하다.

제자들이 예수님께 다가와 "왜 저 사람들에게 비유로 말씀하십니까?" 하고 물었다. 예수님은 그들에게 대답했다.

"내가 저 사람들에게 비유로 말하는 이유는 저들이 보아도 보지 못하고 들어도 듣지 못하고 깨닫지 못하기 때문이다."

"만일 어떤 사람이 양 백 마리가 있는데 그 중에 하나가 길을 잃었으면 그 아흔아홉 마리를 산에 두고 가서 길 잃은 양을 찾지 않겠느냐?"

"부자가 천국에 가는 것은 낙타가 바늘구멍으로 들어가는 것보다 힘들다."

"천국은 마치 등을 들고 신랑을 맞으러 나간 열 처녀와 같다."

"오늘은 나를 따라오너라. 내가 너희로 사람을 낚는 어부가 되게 하리라."

비유는 애매한 생각이나 이해하기 어려운 것을 일상생활에서 쉽게 접할 수 있는 쉬운 이야기로 바꿔주는 역할을 한다. 아리스토텔레스는 "운율을 만드는 기술은 가르칠 수 있어도 은유를 만드는 기술은 가르칠 수 없다"고 했다.

사실 적절한 시점에 적절한 비유를 하는 것은 아무나 할 수 있는 일이 아니다. 먼저 많은 속담이나 관련된 문장을 알고 있어야 하며, 그것을 이용할 수 있는 연결고리를 찾을 수 있어야 가능한 일이다. 이는 많이 알고 있는 수학공식을 어디에, 어떻게 적용할 수 있는가의 문제와 같은 것이다.

타이밍과 순발력을
활용한 유머

 유머는 남들이 전혀 예측하지 못하는, 그러면서도 다른 사람들이 공감할 수 있는 순발력과 창의성이 있어야 한다.

행동이나 개인기 같은 것으로 웃기는 사람은 억지웃음을 유발하게 할 수도 있고 오래 가지도 못한다. 우스운 사람과 잘 웃기는 사람은 다르다. 전자는 억지로 웃음을 만들어내는 사람이고 후자는 순간적으로 재치 있는 말을 함으로써 웃음이 터지게 하는 사람이다. 그런 사람들은 정곡을 찌르는 순발력을 가지고 있다. 이러한 순발력은 저절로 생기는 것이 아니다. 평소에 다양한 경험이 축적되어 있어야 필요할 때 자신도 모르게 튀어나오는 것이다.

유머는 상황에 맞게 순간적인 기지와 재치로 만들어내는 유쾌한 표현이다. 웃기는 말 자체도 중요하지만 더 중요한 것은 사실 타이밍이다. 똑같이 웃기는 말도 적절한 타이밍에 해야 효과가 있다.

실제 상황에서 제대로 된 타이밍에 터지는 유머야말로 살아있는 유머다. 이것은 쉽게 되는 게 아니다. 타고난 재능이 있어야 하고 후천적으로 노력도 해야 한다.

태권도에 '약속대련'이라는 것이 있다. '자유대련'에 들어가기에 앞서 공격과 방어의 기술을 숙달시키는 과정으로, 두 사람이 공격과 방어에 대해 사전에 약속된 방법으로 실전에 응용할 수 있도록 기술을 연마하는 것을 말한다. 이런 수련을 많이 해야 자유대련에서 실전처럼 써먹을 수 있다.

유머에는 계획된 유머가 있고 계획하지 않은 즉석유머가 있다. 계획된 유머는 약속대련과 같다. 강연을 하거나 이야기를 할 때 자신이 하고 싶은 유머를 미리 어느 정도 생각해 두었다가 자연스럽게 하는 것이다.

유머의 진수는 즉석유머에 있다. 이는 미리 계획한 것을 말하는 것이 아니라 상황에 맞는 유머를 적절하게 구사하는 것이다. 그런 유머는 누구나 하고 싶어 하지만 아무나 할 수 있는 것은 아니다.

유머를 잘하는 사람은 상황이 만들어주는 것을 최대한 잘 활용하여 순간적으로 사람들이 전혀 생각하지 못한 방향으로 이끌어 한 방 때리는 사람이다. 자신이 재미있는 상황까지 만들려고 하면 힘이 들 뿐만 아니라 어색해질 수도 있다.

촌철살인의 유머는 순간의 재치에서 나온다. 같은 강물에 발을 두 번 담글 수 없는 것처럼 비슷한 상황은 있어도 같은 상황은 되풀이되지 않기 때문에 같은 유머를 쓸 수는 없다.

슈바이처 박사가 아프리카의 죽어가는 생명들을 위해 모금 활동을 하던 중 자신의 고향인 알자스에 가게 되었다. 그 소식을 들은 많은 친지들과 동료들이 기차역에 모여 대대적인 환영 준비를 하고 있었다.

기차가 역으로 들어오자 환영객들은 '슈바이처 박사쯤이면 1등실이나 적어도 2등실에는 타고 계시겠지…' 하고는 모두들 1등실 앞으로 몰려갔다.

그러나 그곳엔 그의 모습이 없었다.

두리번거리는 사람들의 눈에 맨 뒤 3등칸에서 내려오는 슈바이처의 모습이 들어왔다.

"아니, 박사님! 어째서 3등칸에 타셨습니까?"

그는 웃음띤 얼굴로 이렇게 말했다.

"4등칸이 있어야지요. 그래서 할 수 없이 3등칸에 탔습니다."

정말 멋진 순발력과 인품이 묻어있는 재치 가득한 유머다.

기자, 금융인, 저술가, 정치경제학 교수, 컨설턴트, 인문학 교수, 소설가, 사회생태학자로 70년 세월을 보낸 피터 드러커는 95세를 일기로 생을 마치는 순간까지 왕성하게 집필활동을 했다.

"저술한 책 중에서 어느 책을 최고로 꼽습니까?"라는 질문을 받을 때면 그는 웃으며 대답했다.

"바로 다음에 나올 책이지요."

짧은 말 한마디로 자신을 이렇게 잘 표현할 수 있다. 말 한마디에 자신이 어떤 사람인지 다 드러난다. 결정적인 순간에 한 방을 날리려면 그 말을 할 수 있는 순발력과 철학, 지식기반이 있어야 한다.

약속대련을 많이 한 사람은 자유대련을 할 때 자기도 모르게 기술이 나온다. 유머는 기존의 틀에서는 절대 나오지 않는다. 거꾸로 뒤집고 비틀어야 보인다. 순발력과 창의력이 있는 사람은 '13456789'라는 숫자를 보고 금세 "어이(어2)가 없네"라는 말이 생각나는 사람이다.

창의성이 있는 사람은 한 가지만 생각하지 않는다. 상대방이 '아! 그렇게도 생각할 수 있구나' 하고 느낄 수 있도록 뒤집고 비틀 줄 알면 웃음은 자연적으로 생겨난다.

유머를 잘하려면 순간을 놓치지 않는 언어순발력이 있어야 하고, 분위기를 파악하는 센스도 있어야 한다.

유머를 잘하는 남편에게 잠자리가 부실한 데 대한 불만을 품은 아내가 말했다.

"요즘 당신에게 필요한 것은 가위에요."

심각한 상황이 벌어질지도 모르는 분위기였다.

이 말에 남편은 당황하지 않고 멋진 유머로 응수했다.

"당신이 가위를 가지고 오면 나는 주먹을 내겠어. 그러면 내가 이기겠지."

이 말에 아내는 쓴 웃음을 지으며 말했다.

"내가 졌소!"

심각한 상황에서 한쪽이 웃으면 상황은 희극으로 끝난다.

남편은 이 말도 놓치지 않고 글래머인 아내에게 말했다.

"당신은 정말 젖소가 맞소."

여러 가지 재치 있는 독설들을 남긴 극작가 버나드 쇼에게 누군가가 물었다.

"금요일에 결혼하는 부부는 오래 가지 못한다는 속설이 있는데, 이에 대해 어떻게 생각하십니까?"

그는 서슴지 않고 대답했다.

"암, 그렇고 말고요. 금요일이라고 해서 예외가 될 수 있겠습니까?"

묻는 사람과 전혀 다른 관점에서 대답한 것이다.

말 잘하는 사람들의 3가지 비법

그에게 어느 날, 무용가 이사도라 덩컨이 말했다.

"만일 제가 당신과 결혼을 한다면 이 세상에서 가장 이상적인 아이가 태어날 거예요. 이 세상에서 가장 아름다운 무용가의 몸에서 가장 머리가 좋은 극작가의 두뇌를 갖고 태어날 테니까요."

하지만 버나드 쇼가 독설을 날렸다.

"천만에요. 그 반대의 경우를 생각해봤나요?"

순발력과 창의력이 있는 사람만이 이런 말을 할 수 있다.

가장 많은 유머를 남긴 처칠은 90세까지 장수했다. 말년에 한 젊은 기자가 그를 인터뷰하면서 말했다.

"내년에도 건강하게 다시 뵈었으면 좋겠습니다."

그의 말에 처칠이 대답했다.

"내년에도 못 만날 이유가 뭐 있겠나. 자네는 아주 건강해 보이는데 내년까지는 충분히 살 것 같아. 걱정 말게나."

유머러스한 사람은 상황을 잘 파악하고 있으면서 그 안에서 창의성 있는 새로움을 발견할 줄 아는 사람이다. 질문을 한 사람과 같은 수준으로 대답하면 친절한 답변은 될 수 있어도 유머는 되지 않는다.

유머의 적은 고정관념이다. 고정관념을 깨기 위해서는 익숙한 것을 낯설게 볼 줄 알아야 한다. 창의적인 것은 익숙한 것의 방향을 바꿀 때 만들어진다.

유머의 소재는
삶속에서 찾는다

 유머의 소재를 일상이 아닌 엉뚱한 곳에서 찾을 필
요가 없다. 자신의 경험이나 이야기 속에 유머를
넣어 재미있게 말하는 것이 살아있는 유머다.

추리소설 작가 아가사 크리스티의 남편은 고고학자였다.

누군가가 크리스티에게 "혹시 고고학을 하는 남편을 둔 것에 좋
은 점이 있느냐?"고 물었다. 그녀는 이렇게 대답했다.

"물론 있지요. 내가 나이가 들수록 남편이 나에 대해 점점 관심
이 많아진다는 것입니다."

고고학자 남편을 둔 아내만이 할 수 있는 생활유머다.

대화 중에 다른 곳에서 가져온 재미있는 이야기를 살짝 끼워 넣
는 것도 때로 필요하다. 하지만 자기 자신을 소재로 한 이야기를 재

말 잘하는 사람들의 3가지 비법 ;

미있게 할 때 사람들은 더 공감하며 웃는다.

유머 몇 개를 필수품처럼 외워서 필요할 때 필살기로 사용하는 사람들도 있다. 심지어 자신의 스마트폰을 보고 읽어주는 사람도 있다. 웃을 수도 없고 안 웃을 수도 없고, 어색한 상황이다.

삶속에서 찾으려고만 하면 언제 어디서나 행복을 찾을 수 있듯이 유머도 일상에 널려 있다. 다만 우리가 그것을 놓치고 있을 뿐이다.

어느 부부가 있었다. 아내가 남편에게 말했다.

"여보! 우리 건강하고 행복하게 백년해로해요."

남편은 아무 말도 하지 않았다.

아내가 다시 한번 묻자 남편이 힘없이 대답했다.

"난 아무래도 힘들 것 같아."

"아니 왜요? 당신은 어디 아픈 곳도 없는데…."

남편이 낮은 목소리로 말했다.

"난 9988밖에 못할 것 같아."

그 말에 아내가 웃으며 말했다.

"99세까지 88하게 사는 게 백년해로 아닌가?"

유머는 외운다고 되는 게 아니다. 유머를 외우려고 하는 건 소재가 삶속에 있지 않기 때문이다. 진정한 유머는 삶의 현장에서 묻어

나온다. 거기에는 삶의 애환도 있지만 해학도 있다. 삶의 애환을 해학으로 바꾸는 것이 바로 유머다.

우리 주변에는 우리가 찾기만 하면 즐길 수 있는 유머의 소재가 아주 많다. 아는 만큼 보이듯이 할 수 있는 만큼 즐길 수 있다.

한 남자가 가족과 함께 여행을 떠나 저녁에 숙소에 도착했다.

숙소는 펜션형 민박집이었다.

민박집 주인이 남자에게 물었다.

"저녁은 해 드실래요?"

남자는 무슨 말인지 알았지만 유머본능이 발동했다.

"회는 집에서도 많이 먹었는데 닭백숙 같은 것은 안 되나요?"

사람들은 적절한 타이밍에 적절한 유머가 터졌을 때 웃는다.

유머가 있는 사람은 깨끗한 백지에 자신의 그림을 개성 있게 그리는 사람이다.

노래를 잘 부르는 사람은 특별한 노래만 잘하는 게 아니라 누구나 부를 수 있는 평범한 노래를 음정, 박자 맞춰 감정을 넣어 멋지게 부르는 사람이다. 유머를 잘하는 사람도 마찬가지다. 특별한 소재를 가지고 하는 게 아니라 현실에서 일어나는 일들을 소재로 이야기를 재미있게 한다.

나를 낮추고
상대가 우월감을
느끼게 하라

 지금까지 유머의 구성요소에 대해 살펴봤다. 이제 사람들이 웃게 되는 메커니즘, 즉 웃음을 만들어내는 원리를 알아보기로 하자.

사람들을 웃게 만드는 것은 무엇이며, 사람들을 웃게 하려면 어떻게 해야 할까?

첫째, 상대방이 우월감을 느끼게 해야 한다. 웃음은 다른 사람의 실수나 모자란 행동을 통해서 자신이 우월감을 느낄 때 나온다. 유머를 잘하기 위해서는 나를 낮추고 상대에게 우월감을 주어야 한다. 그렇게 하기 위해서는 내 스타일이 조금 구겨져도 괜찮다는 배짱과 희생정신이 있어야 한다. 상대에게 질투심이나 열등감을 주게 되면 유머를 할 수 없다. 열등감을 느낄 때는 웃음이 잘 나오지 않는다.

유머로 상대에게 웃음을 선사하려면 겸손해야 한다. 겸손은 나를 낮춤으로써 상대방이 우월한 입장에 서게 하여 더욱 관대해지게 만드는 적극적이고 창조적인 행동이다. 이는 자신 있는 사람만이 갖출 수 있는 미덕이다.

나를 낮추는 행동은 아무나 할 수 있는 게 아니다. 자신을 좀 낮추어도 작아 보이지 않을 만큼 큰 사람이라야 할 수 있다. 개그 프로그램에서 늘씬한 사람보다 뚱뚱한 사람에게, 똑똑한 캐릭터보다는 좀 모자라는 캐릭터에게 더욱 끌리는 이유도 여기에 있다.

한 유머 강사가 자신을 소개하면서 자신의 아버지가 '서울에서 알아주는 알부자'라고 했다. 청중들은 속으로 '와! 대단하네' 하면서도 표정이 굳어졌다. 상대적인 박탈감 때문이었다.

잠시 후 강사는 말했다.

"아버지가 계란 장사를 해서 동네 사람들이 알부자라고 불렀죠."

청중의 표정은 다시 밝아졌고, 여기저기서 웃음이 터져 나왔다.

강의에서 중요한 것은 물론 내용이다. 하지만 그 전에 청중과 호흡할 수 있는 오프닝 기술 또한 매우 중요하다. 청중의 관심을 끌기 위해서는 질문을 해서 청중들이 한 발 앞으로 다가오게 하는 방법도 있고, 유머로 웃음을 주는 방법도 있다. 인터넷에 떠도는 유머나 유머책에 나오는 유머를 구사하는 것보다 강의 주제와 관련된 자신의 에피소드나 경험담을 재미있게 이야기하여 웃음을 주는 게 훨씬 효과적이다. 자신의 성공담보다는 실패담을 말하는 것이 청중들에게 공감과 우월감을 느끼게 할 수 있어 좋다.

유머 중에서 가장 높은 차원의 유머는 자기 자신을 희화(戲畵)하는 것이다. 상대의 지위가 높을수록 그 효과가 큰 것은 당연하다. 높은 사람의 실수나 고백은 인간적인 매력을 느끼게 한다.

2001년 조지 부시 대통령은 모교인 예일대학에서 졸업축하 연설을 유머로 시작했다.

"졸업생 여러분, 축하합니다. 우수한 성적으로 졸업하는 여러분! 참 장한 일을 했습니다. 평균 C학점으로 간신히 졸업하는 여러분도 힘내세요. 여러분도 나같이 대통령이 될 수 있습니다."

그는 또 2007년 대학 졸업축하 연설에서는 "여러분 중 일부는 우수한 성적으로 졸업한다는 사실을 알고 있습니다. 나는 그런 경험이 전혀 없지만 말입니다"라고 말했다. 자신의 대학시절 성적이 좋지 않았음을 사람들에게 재미있는 이야기로 고백한 것이다.

재미있는 건 이렇게 자신의 치부라고 말할 수도 있는 성적을 공개함으로써 그의 지지율이 껑충 뛰었다는 사실이다.

낮아져도 무너지지 않는 것이 진정한 힘이다.

먼저 모방한 다음
창조해보기

모든 배움이 그렇듯이 우선은 모방이고 그 다음에는 창조다. 모든 창조는 모방에서 시작된다. 처음에는 기존에 나와 있는 유머를 모방하고, 그 다음에는 고정관념에서 벗어나서 다른 사람들이 미처 생각하지 못한 곳에서 자신의 언어로 비유를 하고 반전을 만들어야 빵! 하고 터진다.

김밥을 맛있게 하기로 소문난 할머니에게 그 비법을 물었다.

"할머니, 김밥을 맛있게 만드는 비법이 뭐예요?"

"비법이랄 게 뭐 있나. 좋은 재료를 쓰면 되지!"

곰탕으로 유명한 '현풍할매곰탕'의 원조 할머니에게 똑같은 질문을 했다.

"할머니, 곰탕을 맛있게 만드는 비법이 뭡니까?"

말 잘하는 사람들의 3가지 비법

할머니는 너무나 담담하게 말했다.

"좋은 고기를 많이 넣으면 돼!"

맛있는 음식을 만들려면 우선 재료들이 신선해야 하고 좋은 글을 쓰려면 좋은 어휘를 많이 알아야 하듯이 좋은 유머를 구사하기 위해서는 좋은 재료를 수집해야 하고, 좋은 유머를 인용하고 모방할 수 있어야 한다.

그 사람이 쓰는 언어를 보면 그 사람을 알 수 있다. 비트겐슈타인의 "나의 언어의 한계는 나의 세계의 한계를 의미한다"는 말처럼 자신의 유머의 한계를 넓히기 위해서는 유머감각과 함께 자신이 구사할 수 있는 언어의 한계를 넓혀야 한다.

나의 세계를 아름답게 하려면 아름다운 언어를 써야 하고, 나의 세계를 넓히려면 나 자신의 언어를 확장해야 한다.

필요할 때 적절한 유머를 하기 위해서는 나에게 유머의 소재가 많아야 할 뿐만 아니라 지식이 있어야 한다. 수도꼭지를 틀면 물이 나온다고 해서 아무 벽에나 수도꼭지를 박아서는 물이 나오지 않는다. 파이프라인과 정수장 시설이 있어야 수도꼭지를 통해 물이 나오는 것처럼, 언어 순발력과 창의력을 키우고 자신의 언어의 한계를 넓히기 위한 지식기반이 있어야 유머도 자연스레 나올 수 있다. 아는 분야가 많아질수록 누구에게나 자연스럽게 말을 이어나갈 수 있다.

평소 유머감각이 있는 사람의 화법을 익히면서, 다양한 분야의 책을 읽어 언어의 한계를 넓히면 당신도 유머러스한 사람이 될 수 있다. 다른 재능도 그렇지만 유머감각도 어느 정도 타고 난다. 어려서부터 유머러스한 아이들은 커서도 그렇다.

물론, 노력해서 계발되기도 한다. 내가 타인과 즐겁게 소통하고자 노력하는 만큼 늘어난다. 유머도 학습하고 계발하면 가능해지는 하나의 기술이다. 개그 프로그램을 보는 것은 트렌드나 유행어를 아는 데는 도움이 될 수 있지만 그걸 보고 나 자신이 유머를 하는 것과는 별개다. 상황이 다르기 때문에 일상에서 응용하기는 쉽지 않다. 중국 무술영화를 많이 본다고 해서 실제 무술을 할 수 있는 건 아닌 것처럼, 올림픽 수영 경기를 많이 본다고 해서 수영기술이 늘지 않는 것처럼 말이다.

유머감각을 가진 사람의 말투와 태도를 보면서 스스로 배우는 것이 더 낫다. 재미있는 이야기를 들으면 이를 자기 식으로 소화해 기억해두라.

다른 사람의 흉내를 잘 내는 사람이 있고, 말을 아주 빠르게 하여 웃기는 사람도 있다. 또 말을 어벙하게 하여 웃기는 사람도 있다. 많은 노래들 중에서도 내 목소리와 취향에 맞는 노래가 있듯이 유머에도 나에게 맞는 스타일이 있다. 그것을 찾아 나의 개성과 언어에 맞게 하면 된다. 내가 던진 유머에 사람들이 웃을 때와 웃지 않을 때의 반응을 보며 그 차이를 느끼는 것이 중요하다.

수위를
조절할 줄 아는 능력

 유머는 칼에 비유할 수 있다. 같은 유머라도 언제 어디에 어떻게 사용하느냐에 따라 결과가 달라진다. 아무리 좋은 뜻으로 한 유머라도 상대에게 상처를 주면 좋은 유머가 아니다.

어색한 유머는 잘못되더라도 썰렁한 걸로 끝나지만, 잘못 사용한 유머는 인간관계에 나쁜 영향을 줄 수도 있다. 유머는 상대를 웃게 하기 위한 것인데 상대가 웃기는커녕 화를 낸다면 그건 상대의 잘못이 아니라 유머를 한 사람의 잘못이다.

물에 뛰어들 때 깊이를 보고 뛰어들어야 하는 것처럼 유머를 할 때는 상대가 어느 정도 유머를 받아줄 수 있는지 알아두어야 한다.

유머는 때와 장소에 맞춰 적절하게 할 때 빛이 난다. 상황과 분위기에 맞지 않는 일방적인 유머는 차라리 안 하느니만 못한 결과를 낳는다. 특정인을 지칭하는 인신공격은 겉으로는 웃지만 속으로는 찡그린다. 유머에서 가장 유치한 유머는 상대방의 신체 특징을 가지고 웃음을 만들려고 하는 것이다. 상대의 신체는 좋은 것만 이야기하고 나머지는 언급하지 않는 게 좋다.

아무리 좋은 것도 넘치는 것은 모자람만 못하다. 유머를 보여주는 것은 따뜻한 가슴을 보여주는 것이다. 유머를 하다 보면 자신이 망가져야 할 때가 있다. 그렇다고 하더라도 한계를 벗어나면 안 된다.

유머 중에서 가장 많은 소재를 차지하고 있는 것으로 섹스를 빼놓을 수 없다. 하지만 야한 이야기를 잘한다고 해서 유머를 잘한다고 볼 수 없다. '과유불급(過猶不及)'이라는 말이 있다. 섹스는 인간의 가장 원초적인 본능이면서도 가장 억압된 소재이기 때문에 유머러스하게 분출하는 게 필요할 수도 있겠지만 너무 직설적이거나 지나치면 듣기 거북하다.

비빔밥에 참기름을 적당히 넣어야지 많이 넣으면 맛을 버린다. 적당한 수준에서 멈춰라.

유머가 있는 것은 좋지만 그렇다고 항상 유머를 일삼지 마라. 항상 웃기는 사람보다 진지해야 할 때는 진지하고 유쾌해야 할 때 유쾌한 사람이 환영받는다. 유머를 너무 즐기는 사람은 결코 진지한 일을 할 수 없다.

사랑도 너무 넘치면
숨이 막히는 법!

깊이와 여유가
묻어나는
즐거운 유머

 유머는 단순히 재미있는 이야기로 상대방을 웃기는 것이 아니다.

참다운 유머에는 지혜와 철학이 묻어 있다. 지혜는 직접 전달하기 어렵다. 그러나 유머를 통해 전달하기는 쉽다.

진정한 유머는 축적된 인생의 지식과 경험이 언어로 표출되는 것이다. 진정한 유머는 혀끝에서 나오는 것이 아니라 원만한 인격과 여유 있는 인생관에서 나온다. 유머감각을 갖기 위해서는 먼저 삶을 바라보는 따뜻한 마음과 긍정적인 마인드가 필요하다.

유머는 상대에게 유쾌한 웃음을 선사하는 것이다. 유머를 하려면 사람에 대한 애정이 있어야 한다.

유머감각은 지식이나 논리로 얻어지는 것이 아니라, 즐겁게 만족스러운 삶을 살고자 하는 여유에서 나온다. 유머란 여유와 지력 그리고 자존감을 모두 갖추었을 때 구사할 수 있는 기술이다.

논어에 '지지자 불여호지자 호지자 불여락지자(知之者 不如好之者 好之者 不如樂之者)'라는 말이 있다. '아는 사람은 좋아하는 사람만 못하고, 좋아하는 사람은 즐기는 사람만 못하다'는 뜻이다.

불행한 사람은 혼자만 불행하지 않다. 그는 주위 사람들도 불행하게 만든다. 행복한 사람도 그렇다. 자신만의 행복으로 끝나지 않고 주변사람들에게 행복을 전달한다.

다른 사람에게 즐거움을 주기 위해서는 내가 먼저 즐거워야 한다. 나의 삶이 즐거우면 다른 사람에게도 그 기운이 전달된다. 유머러스한 사람은 주위를 환하게 만든다. 썰렁하거나 살벌한 분위기가 유머 덕분에 일시에 확 달라질 수도 있다.

유머감각은 주변에서 일어나는 사소한 일들을 엮어 웃음을 만들어내는 능력이다. 그 웃음은 상대를 즐겁게 하지만 결국 나 자신도 즐거운 것이다. 나의 말 한마디, 나의 행동 하나가 주변 사람들을 기쁘게 할 수 있고 힘이 될 수 있다면 얼마나 좋은 일인가.

어느 날, 도인이 한가하게 시장을 걷다가 우연히 한 가게의 큰 어항 속에 들어 있는 뱀장어들을 보았다. 포개지고 뒤얽히고 짓눌려서 마치 숨이 끊어져 죽을 것 같았다. 이때 홀연히 미꾸라지 한 마리가 나타나서 상하좌우전후로 끊임없이 멈추지 않고 움직였다. 마치 신룡이 꿈틀거리는 것 같았다. 뱀장어들이 미꾸라지를 피해 이리저리 몸을 움직이자 기가 통하기 시작했고, 죽어가던 생명의 기운도 살아났다.

뱀장어들을 움직여 기를 통하게 하고, 뱀장어가 목숨을 건진 것은 미꾸라지의 공이 틀림없으나, 미꾸라지가 몸을 꿈틀거려 움직인 것은 자기의 즐거움이기도 했다. 결코 뱀장어들을 불쌍히 여겨 그렇게 한 게 아니며, 또 뱀장어의 보은을 바라고 한 것도 아니다. 스스로 그 본성에 따라 그렇게 했을 뿐이다.

즐겁게 춤추던 미꾸라지는 비를 타고 하늘로 올라가 용이 되었으며, 하늘의 강에 뛰어들고 대해를 넘나들어 유유히 움직이는데 좌우로 마음대로 나아가니 그 즐거운 모양이 비길 데 없었다. 그리고는 천둥과 비바람을 일으켜 뱀장어들이 좁은 통 속을 빠져나오게 하고 함께 장강대해로 돌아갔다.

— 왕심재의 〈추선부: 미꾸라지에 대한 노래〉

유머를 잘하는 사람은 이 글에서처럼 미꾸라지와 같은 역할을 한다. 무표정한 대다수의 사람들은 뱀장어들이다. 유머가 있는 사람은 말로써 사람 사이에 기를 통하게 하고 어색한 분위기를 활력 가득한 분위기로 바꿔준다. 단지 자기가 삶을 즐기며 살았을 뿐인데 다른 사람들에게 기운을 줄 수 있는 것이다.

말 잘하는 사람들의 3가지 비법

자신 있게 하라

마음의 여유가 없거나 자신감이 없을 때는 유머가 되지 않는다. 그럼에도 불구하고 유머를 하다 보면 마음의 여유와 용기가 생기기도 한다.

사람들이 유머를 잘 못하는 이유는 자신이 한 유머가 썰렁해질까봐 두려워하기 때문이다. 인사를 했는데 반응이 없으면 다음에는 좀처럼 인사하기 싫은 것처럼, 모처럼 유머를 날렸는데 반응이 썰렁하면 다음에는 유머를 시도하지 않게 된다. 심약한 사람이 그런 반응을 경험하면 그것이 그 사람의 마지막 유머가 될 수도 있다.

모든 새로운 시도에는 두려움이 따르기 마련이다. 두려움을 용기로 바꿀 수 있어야 유머를 할 수 있다. 유머를 개그맨처럼 하려는 부담에서 벗어나야 한다. 개그맨들이 유머감각이 있는 것은 사실이지만 우리가 TV에서 보는 코미디나 개그는 시나리오에 의해 연기하는 모습일 뿐이다. 그들의 유머감각이 뛰어나다기 보다는 단지 표정과 말투가 보통사람보다 특별하고 재미있을 뿐이다.

같은 노래도 부르는 사람에 따라 다르고 같은 재료도 누가 요리하느냐에 따라 맛이 다르듯이, 같은 유머도 누가 어떻게 하느냐에 따라 다르기 마련이다.

유머는 내용보다 말투와 화법에 따라 달라진다. 미국의 사회심리학자 앨버트 메라비언은 메시지 전달에 있어 비언어적 부분인 시각이 55%, 청각이 38%인데 비해 언어적인 부분은 단 7%에 불과하다는 '메라비언의 법칙'을 발표하며 비언어적인 소통의 중요성을 강조했다.

사람들이 열광하는 개콘의 대본을 읽어본다면 별로 우습지 않을 것이다. 대본에는 표정이나 억양, 말투가 없기 때문이다. 아무리 우스운 내용이라도 말투나 표정이 우습지 않으면 사람들은 웃지 않는다. 유머로 상대를 웃게 하려면 연기력이 필요하다.

노래가 3분 드라마라면 유머는 3초 드라마다. 물론 그보다 더 길수도 있다. 짧을수록 어렵다. 순간에 모든 것을 전달해야 하기 때문이다.

동료에게 들은 재미있는 얘기를 다른 사람에게 했을 때 썰렁해진다면 그건 말의 내용이 재미없다기 보다 내 말투와 내 표정이 우습지 않다고 생각해야 한다.

　말투와 표정까지 재미있게 구사하기 위해서는 평소에 연습이 필요하다. 운동선수들이 오랫 동안 연습을 한 결과, 시합에서 자신도 모르게 순간적으로 동작이 나오는 것과 같다. 물론 잘 맞은 타구가 아웃이 될 수도 있다. 유머를 할 때 결과가 어떻게 될지는 아무도 모른다. 생각보다 안될 때가 있고 생각보다 잘될 때가 있다. 축구에서도 선수의 골이 잘 들어갈 때가 있다. 차는 공마다 골대 안으로 빨려 들어가는 것 같다. 그 반대의 경우도 물론 있다. 차는 공마다 골문을 빗나가든가 아니면 골대를 맞고 나온다.

　유머를 하다 보면 나도 모르게 던진 말이 웃음을 유발할 때도 있다. 사람에 따라, 상황에 따라, 유머가 잘될 때도 있고 안될 때도 있다. 웃지 않는 상황이 연출되면 자연스럽게 화제를 다른 것으로 돌리는 임기응변도 필요하다.

　유머를 너무 어렵게 생각하거나 부담을 가질 필요는 없다. '잘되면 모두가 즐겁고 안되면 그만'이라는 가벼운 마음으로 유머를 시도해보라. 상대도 나도 서로 즐거워야 할 유머를 하는데 있어 내가 너무 심각해진다면 그야말로 모순에 빠지는 것이다.

　시도해보지 않으면 잘할 수 있는 방법을 터득하지 못한다. 넘어지면서 배우는 것이다. 그래야 오래 간다.

　내가 한 유머가 상대에게 통하면 같이 웃을 것이고, 안 통하면 아무 일도 없었던 것처럼 있으면 되고, 썰렁하면 혼자 쓴 웃음을 지으면 된다.

우리나라 사람들은 남의 시선을 지나치게 의식한다. 다른 민족에 비해 유난히 강한 우리 사회의 비교와 체면의식 때문이다. 다른 사람의 시선을 지나치게 의식하고 남의 기준을 충족시키려고 하다 보면 정작 내 행복은 멀리 가고 없다.

말을 할 때는 재미있게 하고, 노래를 불러야 할 장소에서는 즐겁게 노래를 부르고, 춤을 추어야 할 곳에서는 신나게 춤추는 사람은 언제나 환영받는다.

세상에는 **빳빳한** 자아 때문에 유머를 두려워하는 사람이 많다. 자아를 좀 숙일 수 있다면 세상은 즐거운 놀이터로 변한다. 넘어지는 것을 두려워하면 스케이트를 배울 수 없듯이 망가지는 것을 두려워하면 즐거운 경험을 영영 못하게 된다.

실수나 위기의 순간에도
유머를 잃지 마라

실수나 위기의 순간에 유머 한마디로 분위기를 반전시키는 경우가 있다. 화를 내서 상대방을 불편하게 할 수도 있지만 이것은 진정한 승리자가 아니다. 누구나 화를 내기는 쉽지만 유머로 상황을 반전시키는 것은 아무나 할 수 있는 게 아니다. 여기에는 절제된 인격과 내공이 필요하기 때문이다.

유머는 실수나 난처한 상황을 슬기롭게 극복할 수 있게 만들어주며 누군가를 공격하거나 비웃지 않고 자신을 소재로 웃음을 만든다.

높은 사람이 실수를 하면 인간적인 매력마저 느껴진다. 그런 사람도 나와 다르지 않다는 평등의식이 생겨나기 때문이다.

1942년 제2차 세계대전 때의 일이다. 프랑스의 한 미군기지에서 연설을 마친 아이젠하워가 단상을 내려오다가 그만 넘어지고 말았다.

모두들 웃지도 못하고 당황하고 있을 때 훌훌 옷을 털고 일어선 아이젠하워는 당황하지 않고 웃으며 말했다.

"여러분이 즐겁다면 나는 한 번 더 넘어질 수도 있습니다."

그의 유머 덕분에 청중은 한 번 더 웃을 수 있었고 그는 위기에도 재치를 발휘하는 사람으로 인정받았다.

어느 나라건 유머는 지도자의 중요한 덕목 중 하나다. 아무리 유능해도 유머감각이 없으면 지도자가 되기 힘들 뿐만 아니라 설령 된다 하더라도 대중의 사랑을 받긴 힘들다. 유머에는 삶의 깊이와 여유 그리고 다양한 경험이 필요하다. 위대한 지도자가 되려면 유머를 구사할 수 있어야 할 뿐만 아니라 자신을 웃음거리로 만들 줄도 알아야 한다. 자신을 유머의 대상으로 삼을 수 있다는 것은 좀 망가져도 전혀 문제가 되지 않을 만큼 자존감이 튼튼하다는 뜻이다.

상대의 뼈있는 농담에 유머로 응대하는 것도 아주 좋은 방법이다.

클린턴 부부가 여행을 가던 중 주유소에 들렀는데 주유소 주인이 힐러리의 전 남자친구였다. 서로 인사를 하고 돌아서며 클린턴이 웃으면서 말했다.

"만일 당신이 나와 결혼하지 않았다면 지금쯤 당신도 주유소에서 함께

기름을 넣고 있겠지?"

그랬더니 힐러리가 빙그레 웃으면서 말했다.

"아니죠. 바로 저 친구가 대통령이 되었겠죠."

상대의 농담을 진담으로 받아들여 화를 내는 것은 자신의 그릇이 작다는 것을 인정하는 것이다. 내가 여유가 없으면 상대의 농담도 진담으로 느껴지기 마련이다. 농담을 진담으로 받아들이면 마음에 상처를 받기 쉽다. 상대의 말에 너무 빠르게 반응하는 것은 좋지 않다. 노래에도 쉼표가 있듯이 다른 사람의 행동과 나의 반응 사이에 빈 공간이 필요하다. 그 공간에 뭔가를 채워야 한다면 유머로 채워보라. 유머가 아니면 차라리 침묵이 더 나을 수도 있다.

영국의 한 장관이 의회에서 국민보건을 주제로 연설을 했다.

그때 한 의원이 벌떡 일어나 고함을 질렀다.

"장관은 수의사 출신이 아니오? 수의사가 사람의 건강에 대해 얼마나 안다고 그렇게 떠들어대는 거요?"

그러자 장관은 의원의 급습에 아랑곳없이 이렇게 답변했다.

"네, 저는 수의사입니다. 혹시 어디가 편찮으시면 아무 때고 찾아오십시오."

아무리 뛰어난 사람이라도 상대로부터 비난이나 모욕을 받을 때가 있다. 이럴 경우에 어떻게 처신하는 것이 좋을까?

"눈에는 눈, 이에는 이"라는 말처럼 모욕에는 모욕으로 대응하는 것이 좋을까? 아니면 힘들겠지만 속으로 삼키는 것이 좋을까?

둘 다 근본적인 해결책은 아니다. 모욕에 모욕으로 대하는 것은 자신이 모욕을 받을 만하다는 것을 말해주는 것이며, 속으로 삼키는 것은 화의 씨앗을 만드는 것이다.

가장 현명한 방법은 유머로 대처하는 것이다. 상대의 비난에 같은 방식으로 대하면 결국 같은 수준밖에 되지 않는다. 상대와 같은 방식으로 대해서는 상대를 극복할 수 없다. 상대는 그런 방식에 익숙하기 때문이다. 상대를 극복하기 위해서는 상대가 전혀 생각하지 않았던 방식으로 대해야 한다. 그것은 상대의 비난을 가볍게 받아넘기는 유머를 구사하는 것이다. 비난하는 사람은 당신이 반격해올 것을 예상하고 있었는데 당신이 웃어넘기면 마치 뜻밖의 기습을 받은 것처럼 당황할 것이다.

부시 전 미국 대통령이 재임시절 이라크를 방문했을 때의 일이다. 기자회견을 하던 중 기자가 던진 신발에 맞을 뻔 했다. 너무 가까운 거리에서 순식간에 당한 일이라 그가 재빨리 피하지 않았다면 얼굴에 맞았을 것이다.

무척 당황스러웠을 법한 순간에 부시는 이렇게 말했다.

"이건 내 발사이즈에 맞는 신발이 아닌데…."

던진 신발에 맞는다는 건 아랍권에서는 최대의 치욕이다. 이 신발 사건을 부시 대통령은 유머를 통해 전화위복의 기회로 삼았다.

모욕을 당할 때 태연히 웃어넘긴다면 모욕을 준 사람에게 자신이 그 모욕을 별로 신경 쓰지 않는다는 모습을 보여주는 셈이다. 그런 모습은 모욕을 준 사람에게 오히려 모욕을 주는 행동이다.

유머로 대응하는 것은 외부의 자극이 자신의 내면까지 침투하지 못하도록 하겠다는 의지를 보여주는 것이다. 이 방법을 사용하려면 고도로 성숙된 인격과, '내가 망가져도 괜찮다' 할 정도의 내공이 필요하다.

상대의 유머에 적극적으로 반응하라

 유머의 절반은 웃기는 것이고 절반은 같이 웃어주는 것이다.

아무리 명창이라도 옆에서 추임새를 넣어주는 고수가 있어야 하듯이 유머를 할 때는 적극적으로 반응해주는 것이 중요하다. 잘 웃기 위해서는 잘 들어줘야 한다. 잘 듣는 것은 상대에 대한 최고의 배려다. 상대방의 말을 잘 들으면 상대는 신이 나서 더욱 재미있게 이야기를 한다.

문화와 민족성에 따라 유머에 대한 반응이 다르다. 영국인은 유머를 다 듣고 난 다음에 웃고, 독일인은 유머를 들은 다음 날 웃으며, 프랑스인은 유머를 다 듣기도 전에 웃어버린다고 한다. 일상생활에서 유머에 익숙한 프랑스인은 웃지 않을 상황에도 배꼽을 쥐고

말 잘하는 사람들의 3가지 비법 ;

웃는다. 그만큼 프랑스인은 유머에 민감하고 과장되게 반응한다는 뜻이다.

그렇다면, 우리나라 사람들은? 우리는 웃음에 인색한 편이다. 다른 사람을 '잘 웃기지' 못하는 게 꼭 내 잘못은 아니다. 그리고 반드시 웃겨야 하는 것도 아니다. 하지만 '잘 웃지' 못하는 것은 내 잘못이다. 웃기는 것은 어려운 일이지만 웃는 것은 마음만 있으면 된다.

유머를 잘하는 것도 중요하지만 상대가 유머를 잘하게 만드는 것도 중요하다. 상대를 웃길 수 있는 것은 큰 능력이다. 상대가 나를 웃게 만들고 싶어 하도록 만드는 것은 더 큰 능력이다. 그렇게 하기 위해서는 상대의 유머에 적극적으로 반응하고 상대로 하여금 자신이 유머를 잘하는 사람이라는 생각이 들게 하면 된다. 상대가 나에게 '유머'라는 호의를 즐거운 마음으로 제공할 수 있도록 상대의 유머에 잘 웃어주는 적극적인 반응이 필요하다.

남자에게 유머감각이 있다고 하는 것은 극진한 칭찬이지만 여자에게는 그다지 큰 칭찬이 아니다. 남자는 자신을 웃겨주는 여자보다는 자신의 유머에 잘 웃어주는 여자를 좋아한다.

섹스에 있어서도 마찬가지다. 상대의 반응이 중요하다. 좋든 안 좋든 반응이 있어야지 반응이 없는 것만큼 힘든 것은 없다. 여자는 테크닉이 좋은 남자를 좋아하지만 남자는 그런 여자를 별로 안 좋아한다. 자신의 테크닉이 서툴더라도 잘 따라주는 여자를 좋아한다.

유머를 할 때 가장 신경쓰이는 부분은 아마 다른 사람들의 반응이 없을지도 모른다는 두려움일 것이다. '무플보다 악플이 낫다'는 말도 있다. 반응이 없으면 상대는 실망하거나 상처를 받을지도 모른다.

유머는 상대가 나에게 주는 선물이다. 상대가 선물을 줄 때 좋은 반응을 보여주는 것이 상대에 대한 예의이듯이 상대가 유머를 할 때는 웃어주는 것이 기본 매너다. 좀 재미없거나 알고 있는 이야기라 하더라도 웃어주고 박수를 쳐준다면 얼마나 힘이 나겠는가?

대통령과
유머

권위주의 시대는 끝났다. 이제는 자리가 주는 힘만으로 사람을 부리는 시대가 아니다. 정치도, 사회도, 가정도 심지어 종교도 권위의식을 버려야 한다. 이제는 각 분야의 리더들이 힘이 아닌 다른 뭔가로 다루어야 하는 시대다.

리더가 구성원을 대하는 가장 효과적이면서 유용한 수단이 또 이 '유머'다. 아이젠하워는 "유머감각은 리더십 기술에 속하고, 다른 사람들과 잘 지낼 수 있게 해주는 비법 중 하나이자 어떠한 일을 성취하는 과정의 일부다"라고 말했다. 리더의 유머감각은 많은 사람들에게 웃음과 위안을 준다. 갈수록 치열해지는 경쟁사회에서 누군가를 설득하기 위해서는 논리보다 감성으로 접근하는 것이 좋다. 권위는 이성으로 상대를 움직이게 하지만 유머는 상대의 감성을 건드려 마음의 문을 열게 하고 스스로 움직이게 한다.

대통령에게 유머가 더욱 필요한 이유가 여기에 있다. 유머가 있다는 건 여유가 있다는 것을 뜻한다. 그리고 여유가 있다는 것은 자신감과 포용력이 있다는 뜻이다. 대통령이 웃으면 국민들은 따라서 웃는다. 보통 사람이 웃기면 몇 사람만 웃지만 대통령이 웃기면 전 국민이 웃는다.

대통령은 지존의 자리에 있는 사람이다. 국민이 대통령에게 유머를 하기는 어렵지만 대통령은 국민에게 할 수 있다. 보통 사람이 하면 웃지 않을 유머도 대통령이 하면 잘 웃는다. 국민들은 대통령의 유머에 웃을 준비가 되어 있다. 살짝 건드리기만 해도 터질 준비가 되어 있다. 대통령이 스스로 조금만 문턱을 낮추어주면 국민들이 한 발자국 더 가까이 갈 수 있다. 그렇다고 해서 대통령에 대한 권위가 떨어지는 것도 아니다. 자리가 의미하는 절대가치는 변함이 없다.

유머를 모르는 대통령은 국민을 웃게 할 수 없다. 국민을 웃길 수 있는 대통령이 국민을 행복하게 하는 정치를 할 수 있다. 국민들이 개콘에 열광하는 이유는 답답한 현실에서 벗어나 잠시라도 시원하게 한번 웃어보고 싶기 때문이다.

유머감각은 대통령의 리더십에서 '통치력' 다음으로 중요한 요소이기도 하다. 미국에서는 다른 능력이 아무리 뛰어나도 유머감각이 없으면 대통령이 될 수 없다. 미국 대통령 후보들의 TV 토론은 정책대결을 하는 장이자, 유머대결을 하는 자리다.

미국 정계에선 대통령뿐만 아니라 상하원이 되려면 '유머부터 배워야 한다'는 말이 나올 정도이니 유머감각의 중요성은 두말할 필요가 없다. 유머와 위트로 위기를 부드럽게 넘기는 건 물론이고 민심을 한순간에 사로잡기도 한다.

국민들은 후보들의 유머감각을 보고 리더십을 판단한다. 대통령 자리는 예기치 않은 도전과 위기가 항상 도사리고 있다. 유머감각을 갖춘다면 그것들을 슬기롭게 극복할 수 있을 것이다.

대통령 선거에서 후보의 나이가 많거나 적은 것을 문제 삼아 공격하는 경우가 있다. 이때 직접적으로 대응하는 것보다 다음과 같이 유머로 대응한다면 현명함까지 보여줄 수 있어 일석이조다.

1984년 레이건 대통령이 재선에 출마했을 때 그의 나이 73세였다. 56세라는 비교적 젊은 나이의 상대 후보인 먼데일 전 부통령은 TV토론에서 후보의 나이를 문제 삼았다. 그러자 레이건은 "나는 이번 선거 이슈로 후보의 나이를 문제 삼고 싶지 않습니다. 정치적 목적으로 상대편 후보가 젊고 경험이 일천한 것을 문제 삼는 일은 하지 않을 것입니다"라고 재치있게 역공했다. 정책 대신 대통령의 나이를 걸고 넘어진 먼데일은 자기 출신 주를 제외한 나머지 49개 주에서 완패하는 치욕을 당했다.

반면 너무 젊은 나이에 대통령 후보에 오른 존 F. 케네디를 곱지 않은 시선으로 봤던 것은 상대방 경쟁자뿐만이 아니었다. 민주당 출신의 전직 대통령인 트루만조차 '성숙한 사람이 필요하다'면서 그의 대선 후보 지명을 반대했다. 그러자 케네디는 이렇게 받아쳤다.

"나이를 기준으로 해서 44세 이하의 사람들을 지도자의 자리에서 제외시킨다면 제퍼슨은 독립선언문을 쓸 수 없었을 것이고, 워싱턴은 대륙군을 지휘할 수 없었으며, 매디슨은 헌법의 아버지가 될 수 없었고, 콜롬버스는 아메리카를 발견하지 못했을 것입니다."

이 한마디로 케네디의 나이는 더 이상 문제가 되지 않았다.

역대 미국 대통령의 인기도는 대통령의 유머능력에 비례하기도 한다. 미국에서 가장 인기 높은 대통령은 링컨, 레이건, 루스벨트 순이다. 아이러니하게도 이는 대통령의 유머감각 순서와도 같다.

미국의 역대 대통령 중 링컨의 유머감각은 단연 최고였다. 링컨은 남북전쟁을 통해 노예해방을 이룬 위대한 업적도 있지만 그의 탁월한 유머도 한몫 했다.

링컨이 하원의원으로 출마했을 때였다.

합동 유세에서 그의 라이벌 후보는 링컨을 신앙심이 별로 없는 사람이라고 비난하고 나섰다. 그리고 청중을 향해 이렇게 외쳐댔다.

"여러분 중에 천당에 가고 싶은 분들은 손을 들어보세요."

그 자리에 참석한 청중들 모두가 손을 들었다.

그러나 링컨만은 손을 들지 않고 있었다.

그러자 그는 링컨을 향해 소리쳤다.

"링컨, 그러면 당신은 지옥으로 가고 싶다는 말이오?"

이 말을 들은 링컨은 웃으며 군중을 향해 외쳤다.

"천만에 말씀입니다. 나는 지금 천당도, 지옥도 가고 싶지 않소. 나는 지금 국회의사당으로 가고 싶소."

군중들은 링컨에게 박수를 보냈고 링컨은 멋진 유머로 상황을 반전시켰다.

누군가 나를 비판할 때 유머감각을 발휘하여 대처하기 위해서는 냉철한 판단력과 확고한 신념이 뒷받침되어 있어야 한다. 이는 외부 자극에 즉각 반응하지 않고 한 발자국 물러서서 좀 더 객관적으로 상황을 관찰할 수 있는 여유가 있어야 한다는 뜻이기도 한다. 그러나 무엇보다도 나에 대한 믿음, 그리고 누구 앞에서도 떳떳하고 당당할 수 있는 자신감이 뒷받침되어야 한다.

링컨이 더글러스와 합동 선거 연설을 벌일 때였다. 디글리스기 연설을 하다가 갑자기 인신공격을 퍼붓기 시작했다.

"링컨은 금주시대에 자신이 경영하던 식료품 가게에서 공공연히 술을 팔았습니다."

그러자 링컨은 기막히게 반격을 가했다.

"더글러스 후보의 말은 사실입니다. 그때 가장 많이 술을 사 간 사람이 바로 더글러스 후보였죠. 그런데 저는 지금 가게를 접었지만 그는 아직도 그 가게의 단골손님이라고 하더군요."

무안해진 더글러스가 다시 링컨을 공격했다.

"링컨은 이중인격자입니다. 그는 두 얼굴을 가진 사람입니다."

이때 링컨은 청중을 향해 말했다.

"여러분들 판단에 맡깁니다. 제가 만약 두 개의 얼굴을 가졌다면 하필 이렇게 중요한 자리에 못생긴 이 얼굴을 들고 나왔겠습니까?"

이 한마디로 합동연설의 향방은 결정났다.

미국 대통령 중 두 번째로 인기가 많은 레이건 대통령은 8년의 임기를 수행하는 동안 미국의 힘을 회복했을 뿐만 아니라 소련과 사회주의 진영 전체를 붕괴로 몰아넣었다.

1981년 레이건은 힝클리가 쏜 총에 맞아 중상을 입고 응급실로 실려갔다. 그는 병원 수술대에 누워 그 위급한 상황에서도 간호사들에게 윙크를 하면서 이렇게 말했다.

"낸시는 내가 이러고 있는 것을 모르겠지?"

간호사들이 지혈을 위해 몸에 손을 대자 대뜸 "낸시에게 허락 받았냐?"고 물었다.

그리고 수술이 시작되기 전 주치의와 다른 의사들에게 말했다.

"당신들은 물론 모두 공화당원이겠지요?"

이 말을 들은 외과의사가 빙그레 웃으며 대답했다.

"각하, 저희는 최소한 오늘은 전부 공화당원입니다."

수술이 끝나고 레이건은 아내에게 말했다.

"여보, 총알을 피해 납작 엎드리는 걸 깜빡 잊어버렸어. 제일 비싼 양복인데 구멍이 나서 어떻게 하지?"

레이건의 이런 병상유머는 '위급한 상황에서도 국민을 안심시키는 지도자'라는 인상을 강하게 남겼다. 이런 유머로 그의 지지율은 83%까지 올랐다.

세 번째로 인기 있었던 프랭클린 D. 루스벨트 대통령, 그는 제2차 세계대전을 승리로 이끌었다.

'날아다니는 영부인'이라고 불릴 정도로 활동이 활발했던 엘리너 여사가 어느 날 볼티모어의 한 교도소를 방문키로 했다. 그녀는 남편을 방해하지 않기 위해 아침 일찍 백악관을 떠났다.

루스벨트 대통령은 부인이 왜 안 보이는지 비서에게 물었다.

"교도소에 계십니다."

비서가 대답했다.

그러자 대통령이 다시 물었다.

"놀랄 일은 아니군. 그런데 혐의가 뭐지?"

오바마 대통령은 링컨의 유머의 핏줄을 이어받은 것으로 유명하다. 그가 백악관 출입기자단과 만찬을 할 때의 일이다.

"클린턴 힐러리 장관과는 경선 당시에 라이벌이었지만 최근엔 아주 친해졌어요. 그녀가 멕시코에 다녀와서는 나를 껴안고 키스를 퍼붓더군요."

당시 멕시코에는 신종플루가 유행하고 있었다. 경쟁자와 미묘했던 관계를 절묘하게 표현한 대통령의 이 유머 한마디에 좌중에선 폭소가 터져 나왔고 그날 만찬은 시종 부드럽게 진행되었다.

영국인들도 유머에 대한 자부심이 대단하여 "유머감각이 없다"는 말을 가장 모욕적으로 생각한다. 특히 정치인들에게 유머감각은 제1의 능력으로 간주된다.

처칠이 처음으로 하원의원 후보로 출마했을 때 그의 라이벌은 합동 정견발표회에서 이렇게 말했다.

말 잘하는 사람들의 3가지 비법

"내가 듣기로는 나의 상대방 후보는 아침에 일찍 일어나지 않는다고 합니다. 만일 그게 사실이라면 그런 게으른 사람은 의회에 앉을 자격이 없다고 생각합니다."

뒤이어 등단한 처칠은 웃으면서 이렇게 말했다.

"글쎄요. 당신이 나 같이 예쁜 마누라를 데리고 산다면 당신도 아침에 일찍 일어나지 못할 걸요."

처칠은 멋진 유머를 통해 자신이 게으른 사람이 아니라는 것을 알리고, 마누라 자랑까지 슬쩍 했다.

그러면, 우리나라 대통령은 어떤가?

불행하게도 우리나라는 국민들에게 웃음을 준 대통령이 별로 없었다. 아마도 유머가 권위를 떨어뜨린다는 인식이 강해서 그런 것 같다. 그러다 보니 권력자들이 유머에 인색하게 되었다. 대통령이 유머가 없으니 대통령이 주재하는 국무회의나 수석회의, 각 정당의 회의 모습을 보면 너무 엄숙하다 못해 무겁다. 신문이나 TV에 보도되는 국무회의 장면에는 참석자들이 언제나 근엄한 자세로 앉아있거나 노트에 받아쓰는 진풍경밖에 없다. 그야말로 '적자생존'의 현장을 보여주는 것 같아 보는 국민의 마음도 무겁다. 적을 게 있어서 적는 게 아니라 딱딱한 분위기를 못 견뎌 적는 것 같은 느낌이다.

회의석상에서 유머가 없다 보니 그럴 수밖에 없을 것이다. 우리나라 정치인들도 연설이나 회의할 때 좌중을 웃기는 유머가 있는 분위기를 만들어주길 바란다. 그래야 정치도 잘 풀리지 않겠는가.

역대 군 출신 대통령들은 모두 유머감각이 없었다. 군사문화에서 잔뼈가 굵은 사람에게 유머를 기대하는 것이 욕심인가 보다.

전두환 대통령은 자신의 유머감각이 없다는 것을 알고 그것을 키우기 위해 노력했지만 효과는 별로 없었다.

그는 1982년 미국의 〈인베스터〉지와의 회견에서 이렇게 말했다.

"나는 유머감각과 통찰력이 없이는 창조적인 사고방식을 가질 수 없다고 생각한다. 학생, 지식인, 노동자, 군인 등 어느 집단이든 독특한 유머를 갖고 있는 것 같다. 나는 대통령의 유머를 배우고 있는 중이다."

노태우 대통령은 자신을 코미디의 소재로 삼는 것을 허용했지만 자신이 유머를 하지는 못했다.

미국 대통령에 비하면 걸음마 수준이지만 역대 대통령 가운데 가장 유머가 탁월했다는 평가를 받은 사람은 김대중 대통령이다. 그는 사형선고를 받았던 1980년에 이희호 여사가 "김대중을 살려달라"고 기도하는 게 아니라 "하느님 뜻에 따르겠다"고 기도하는 것을 보고 가장 섭섭했다고 말해 좌중을 웃겼다. 한번은 TV에 출연하여 "대통령의 성대묘사로 먹고 살았던 개그맨들에 대해 어떻게 생각하느냐?"는 질문에 "로열티는 커녕 명절 때 과일 한 박스도 안 보내더라"고 했다.

그 다음은 노무현 대통령이다. 신임 사무관들을 대상으로 한 특강에서 한 여성 사무관이 '대통령의 건강과 관리법'에 대해 질문을 했다. 노무현 대통령은 "대통령의 건강은 국가기밀"이라고 말하여 좌중을 웃게 만들었다.

풍기에 있는 홍삼 가공공장을 방문했을 때의 일이다. 한 여자 종업원이 홍삼의 효능에 대해 설명했다.

"홍삼은 당뇨와 혈압에 좋습니다. 특히 남성의 정력에는 최고입니다"라고 말하자 노무현 대통령은 "집사람에게는 그 이야기 하지 마세요. 그러면 매일 홍삼만 먹으라고 할 겁니다"라고 말해 주위를 웃게 만들었다.

그러면 박근혜 대통령은 어떤가? 아버지를 닮았는지 유머감각은 없는 편이다. 박 대통령의 썰렁 개그는 유명하다.

의원시절에 의원들 사이에서 "머리 감을 때 제일 먼저 감는 곳은?"이란 퀴즈가 나왔을 때 "눈부터 감죠"라는 대답에 모두들 한바탕 웃었다.

"사랑하는 사람의 심장무게가 얼마나 되는지 아느냐?"고 물은 뒤에 상대가 대답을 못하자, '네 근'이라고 했다. 사랑하는 사람은 가슴이 '두근두근'하니까 합해서 네 근이라는 뜻이다.

한번은 〈힐링캠프〉라는 TV프로그램에 출연하여 "새우와 고래가 싸우면 누가 이길까요?"라는 질문에 이렇게 대답했다.

"정답은 새우입니다. 새우는 깡이고(새우깡) 고래는 밥(고래밥)이니까요."

대부분 썰렁한 유머였지만 그 중에서 지금까지 한 유머 중에 가장 압권은 서울시장 지원 연설도중 얼굴에 면도칼 테러를 당해 병원에서 긴급 봉합수술을 받았을 때의 일이다. 수술이 끝난 후, 담당 의사에게 "당신이 내 속살을 본 첫 남자에요"라는 말을 던져 의료진들의 폭소를 자아냈던 것이다.

짧은 민주주의 역사로 인해 아직은 권위와 유머가 상존하는 것이 어색하지만 그래도 유머 있는 대통령 한두 분 정도는 나왔어야 하지 않나 하는 아쉬움이 있다.

리더와
유머

 정치 리더에게만 유머가 필요한 것은 아니다. 근엄함이 상식인 종교계에도 변화의 바람이 불고 있다. 설교도 재미있게 하는 목사나 신부에게 신도가 몰리고 법문도 재미있게 하는 스님이 환영받는다.

김수환 추기경은 어떤 상황에서도 유머를 잃지 않는 모습으로 잘 알려져 있다. 한번은 지인이 이런 질문을 했다.

"추기경님은 몇 개의 언어를 말하세요?"

"난 두 개의 언어를 말합니다."

"어느 나라 말인가요?"

"참말과 거짓말이죠."

그의 유머는 삶의 마지막 순간까지 이어졌다.

선종 얼마 전 호흡 곤란으로 위급한 상황이 있었다. 장례준비 얘기도 나올 만큼 병세가 위중했다. 다행히 그는 하루 만에 의식을 회복했다. 의식이 돌아온 그는 수녀를 향해 농담을 던졌다.

"나 부활했어."

프란치스코 교황도 유머를 즐겨 사용한다. 그는 교황에 선출된 후 소감을 묻는 질문에 "나 같이 모자란 놈을 교황이라고 뽑아준 분들을 주님께서 용서해주길 바란다"고 말해 사람들을 폭소의 도가니로 몰아넣었다.

교황의 말씀에는 유머가 넘친다. 성 베드로 광장에서의 미사 집전 도중 "이제 약을 권하려 한다. 여러분 중 일부는 교황이 약사라도 되려나 할게다"라고 농담을 하며 심장과 심전도 사진이 그려진 자그마한 상자를 꺼내들었다.

"약 먹는 걸 잊지 말아라. 이게 당신에게 도움이 된다. 심장에도 영혼에도 삶에도…."

상자 안에는 묵주가 들어 있었는데 교황은 묵주를 이용해 기도하는 것을 약 복용에 비유한 것이다. 교황의 인기를 반영하듯 교황의 강론을 듣기 위해 베드로광장을 찾는 사람이 크게 늘었다. 전임 베네딕토 16세 교황 때 5천 명 수준이었는데 최근에는 8만 5천 명을 넘어섰다고 한다.

2014년 8월 방한한 프란치스코 교황은 권위는 있으되 위엄과는 거리가 멀었다. 교황은 딱딱하고 무거울 것이라는 예상을 깨고 친밀하고 유머 넘치는 화법을 구사함으로써 듣는 이의 마음의 벽을 허물고 긴장된 분위기를 부드럽게 만들곤 했다.

8월 15일 교황은 성모승천대축일 미사를 집전하기 위해 서울에서 대전 월드컵경기장까지 당초 헬기로 이동할 예정이었으나 기상 악화로 KTX를 이용했다. 대전역에서 코레일 사장의 영접을 받고 교황은 "헬기가 뜨지 못하게 어젯밤에 구름을 불러온 사장님이군요"라고 농담을 던졌다.

꽃동네에서 한국 수도 공동체와 만났을 때는 바로 앞 일정이 길어지는 바람에 예정됐던 기도가 생략됐다. 미리 준비된 원고에 기도를 한 것으로 돼 있자 교황은 즉석에서 "이 저녁 기도를 바치며 우리는 하느님을 찬미하는 노래를 불렀습니다. 아니, 부를 뻔했습니다"라고 바꿔 말해 4천 3백여 명의 수도자들을 웃게 만들었다.

유머감각은 공감능력을 키우는 최대의 도구이며 하나의 문화이자 무기이다. 유머의 출발은 사람의 감정을 읽어내는 공감능력에서 시작된다고 해도 과언이 아니다.

삼성경제연구소는 유머가 기업의 생산성 향상과 기업 조직문화 활성화에 도움이 되며, 유머경영이 고객만족에 기여한다는 사실을 발표하기도 했다. 생존경쟁이 치열한 기업과 직장인의 세계에서도 유머가 개인 경쟁력의 필수 요건이 되어가고 있다.

이제 기업은 학벌만으로는 돈을 벌 수 없다는 것을 알았다. 회사에서도 유머 있는 직원을 선호하는 추세가 두드러진다. 한 취업사이트가 500명을 대상으로 설문조사를 한 결과, 85퍼센트가 "직장생활에서 유머감각이 성공에 영향을 미친다"고 대답했다.

회사 인사담당자들은 유머로 사람의 마음을 열게 하고 창의적이며 공감능력이 뛰어난 사람을 찾는다. 경영자들은 유머감각이 있는 사람을 우선적으로 채용하고 싶어 하며 유머를 잘 구사하는 직원이 그렇지 않은 직원보다 일을 더 잘한다고 믿는다. 유머감각이 있는 사람이 더 창의적인 발상을 하고 일처리도 무리 없이 잘하기 때문이다.

살 때마다 값을 깎는 버릇이 있는 아가씨가 서울 이태원에서 옷을 사면서 주인한테 깎아달라고 애교 섞인 말을 했다.
"아저씨, 저는 멀리서 왔는데 차비만 빼주세요. 네~?"
그러자 주인아저씨가 하는 말이 걸작이다.
"아가씨, 여긴 미국에서 온 사람도 그냥 사 가는데 어디서 오셨수?"

유머감각으로 어색한 상황을 살짝 피해가는 것이다. 이것이 유머가 필요한 이유다.

말 잘하는 사람들의 3가지 비법

미국 최고의 세일즈 컨설턴트인 제프리 지토머는 "고객을 웃게 할 수 있다면 사게 할 수 있다"고 말했다. 고객의 지갑을 열려면 먼저 고객의 마음부터 열어야 한다.

미국 〈포춘〉이 뽑은 '일하고 싶은 기업' 1위, 사우스웨스트항공은 유머경영의 원조이자 고객감동의 유머경영을 가장 많이 실천하고 있는 회사로도 유명하다.

허브 캘러허 회장부터 시작해서 웃기는 말단 직원들까지 한데 어우러져 늘 웃음꽃이 가득한 사우스웨스트항공은 유머경영으로 분위기를 일신하고자 하는 기업들에게 단연 벤치마킹 1순위 기업이다.

허브 캘러허는 '직원과 고객을 즐겁게 하는 유머경영이 바로 사람을 우선적으로 하는 경영'이라고 언급했다. 그는 직원을 뽑을 때도 유머감각을 지닌 응시자를 우선한다는 원칙을 고수한다.

사우스웨스트항공은 항공료가 타사의 3분의1 밖에 되지 않기 때문에 지정된 좌석도 없고 물 외에는 특별한 서비스가 없다.

이 항공사에서 특별하게 제공하는 서비스는 '웃음'이다. 기내 방송 하나에도 웃음이 있다.

"커피, 음료, 칵테일은 4달러, 와인은 3달러입니다. 만약 우리의 서비스가 마음에 들지 않으면 기내에 6개의 출구가 있습니다. 앞쪽에 2개, 날개에 2개, 뒤쪽에 2개가 있으니 뛰어내리시기 바랍니다. 천장의 등이 무도회의 불빛처럼 여러분을 출구까지 안내할 것입니다."

"담배를 피우실 분들은 비행기 날개 위에서 마음껏 피우실 수 있습니다. 흡연하시면서 감상하실 영화는 '바람과 함께 사라지다'입니다."

그때, 조용하던 비행기 안이 갑자기 웃음바다로 변해버렸다. 술을 주문한 손님에게 '나이가 어려보이니 신분증을 제시하라'고 한 것이다. 그 손님의 나이는 38세였다. 젊게 봐주니 기분이 좋을 수밖에 없다.

이 회사는 서로를 가족처럼 대한다. 회사가 거대한 가족이다. 1년에 20번의 파티가 있고 정리해고도 없다. 그런데도 창립 후 지금까지 32년간 계속해서 흑자경영을 하고 있다. '펀경영'은 한마디로 즐거운 회사를 만드는 것이다. 직원이 행복하면 그 행복이 고객에게 전해지고, 만족한 고객은 다시 찾게 된다.

이러한 직원만족경영의 개념이 이제 펀경영의 핵심개념이 되어 많은 기업들이 벤치마킹하고 있다. 이렇게 일터에서 다양한 즐거움을 찾는 펀경영은 좋은 일터 만들기, 신바람 일터 만들기, 행복경영, 직원만족경영, 서비스경영, 유머경영 등 다양한 이름으로 진행되고 있다.

똑똑한 사람이 일을 잘하고 성과를 내는 것만은 아니다. 유쾌한 조직이 좋은 성과를 낸다. 유머경영은 유머와 유쾌함이 가득한 분위기를 통해 사람들의 동기를 이끌어내어 성과를 내는 것이다. 일

담배를 피우실 분들은 비행기 날개 위에서~!
〈바람과 함께 사라지다〉 영화를 감상하시면 되겠습니다~

속에서 진정으로 재미와 즐거움을 찾는 방법은 많다. 하지만 내가 먼저 즐겁지 않으면 결코 즐거운 것이 아니다. 나 스스로 신바람이 나고 재미가 있으며 즐거워야 일 속에서 재미를 찾을 수 있다.

펀경영은 단순히 웃고 즐기는 것만으로 끝나는 게 아니라 그런 과정을 통해 갈등을 해결하고 신뢰문화를 만들어 나가는 것이 중요하다. 펀경영은 바로 사람경영이며 그것은 유머에서 시작하여 웃음으로 완성된다.

유머경영은 최고경영자의 실천에서부터 비롯된다. CEO가 인상을 쓰고 늘 근엄한 자세로 직원들을 대하는데 거기에 대고 유머를 건넬 간 큰 직원은 아마 없을 것이다. 웃음과 유머는 사람을 소중하게 생각하는 데서 나오며, 이러한 환경 속에서 개인은 자신의 가치를 깨닫게 되고 회사를 아끼게 된다.

국제화 시대에 유머 한마디 제대로 구사하지 못한다면 여유 있고 재치 있는 사람으로 인정받기 어렵다. 기업의 경쟁력은 '사람'에서 나온다. 즐겁게 일할 수 있는 근무환경을 조성해야 직원도 행복하고 그러한 직원이 고객을 만족시킬 수 있다.

말 잘하는 사람들의 3가지 비법

2
칭찬

마음을 얻는 힘

3초 만에 상대방을
기쁘게 해주는 마법

 진정으로 행복한 순간은 아마도 누군가가 나의 가
치를 알아준다는 사실을 알게 될 때일 것이다. 좋
은 말은 사고의 전달에 그치지 않고 상대방의 마음을 움직이게 하
고 치유하는 효과가 있다. 그 대표적인 것이 바로 '칭찬'이다.

상대의 마음을 상하게 하는 말 중에 비판보다 더 강한 말이 없고,
상대의 마음을 얻는 말 중에 칭찬보다 더 좋은 말이 없다.

누구나 3초 만에 상대방을 기쁘게 할 수 있다. 바로 칭찬을 하는
것이다. 칭찬은 마법과 같은 힘을 갖고 있다. 칭찬은 가슴 속에 있
는 열등감을 잠재우는 수면제이자 가슴 속에 잠자고 있는 거인을
깨우는 각성제이기도 하다.

인간관계에서 중요한 것은 상대의 마음을 상하게 하지 않고 상대

의 마음속에 잠재해 있는 정서를 읽어내어 충족시켜 주는 것이다.

유머와 칭찬이 대결을 했다.

유머를 너무 좋아하고 잘하는 청년 '마루'는 항상 사람들에 둘러싸여 있으면서 최고의 인기를 구가하고 있었다. 자신의 인기가 최고라고 생각했고, 주변 사람들 또한 배를 잡고 웃으면서 그를 참 재미있는 사람이라고 칭찬했다. 그러다가 어느 날, 길을 가다보니 한 노인에게 사람들이 연신 고개를 숙이면서 감사해하는 것을 보고는 살짝 배가 아팠다. 그러던 차에 그 노인이 잔치를 한다는 소문이 들려왔다.

마루는 생각했다. '나에게 저렇게 감사해하는 사람이 있었던가? 저 노인이 나보다 더 인기가 좋다는 말인가? 좋아, 이번 기회에 나의 인기가 당신하고 비교가 되지 않는다는 것을 보여주지!'

그 노인의 잔칫날과 같은 날짜에 마루도 사람들에게 자신의 집으로 오도록 초대장을 돌렸다.

'두고 봐! 누가 더 인기가 있는지! 이번에 판가름을 내자! 아무도 노인네 집에 가지 않을 텐데, 얼마나 속상할까?'

그러나 막상 그 날이 되자 유머를 구사하던 청년 마루의 집에는 사람이 한산했고, 칭찬을 잘하는 노인의 집에는 사람들이 북적거렸다.

"뭐야, 나의 초대를 무시해?"

일이 이쯤 되니 마루는 치밀어 오르는 분노보다 왜 그 집으로 다들 사람들이 몰려갔는지가 더 궁금해졌다. 그래서 그는 노인의 집에서 나오는 사람을 붙잡고 물었다.

"당신은 나의 유머에 잘 웃어주더니 왜 나의 초청을 거절하고 이곳에 왔죠?"

"물론 당신의 유머는 재미있소. 그러나 그 노인은 나한테 칭찬을 해주신 고마운 사람입니다."

"재미없는 세상, 웃기고 재미만 있으면 되는 것 아닌가요?"

"당신의 유머는 기억에 남지만 노인의 칭찬은 가슴에 아직까지 남아 있습니다. 유머는 기억 속에서 점점 퇴색되어 가지만 어르신의 칭찬은 힘이 들 때 여전히 살아가는데 등대처럼 반짝입니다. 그래서 제게 있어서 당신은 재미있는 사람으로 기억되지만 그 어르신은 고마운 사람으로 가슴에 남습니다. 유머는 머리에 남지만 칭찬은 희망이 되어 가슴에 남습니다. 바로 이것이 제가 당신의 초대에 응하지 않은 이유입니다."

— 박재항의 '마음담금질' 중에서

칭찬은 아무런 비용이 들지 않지만 그 효과는 아주 크다. 그런데도 우리는 칭찬에 너무 인색하다. 사람들은 우리가 생각하는 것보다 진심에서 우러나온 칭찬을 더 많이 기대한다. 그러나 우리는 칭찬의 가치를 잘 알지 못하며 효과적으로 칭찬을 하는 방법에 대해서도 잘 모른다. 사람들이 칭찬에 인색한 이유는 무엇일까?

칭찬에 미숙한
사람들

 마음은 있는데 표현하지 못하는 사람들이 있다. 이런 사람은 지갑에 돈은 있는데 적절할 때 돈을 쓰지 못하는 사람들과 같다. 칭찬은 마음만 있다고 되는 게 아니다. 표현하지 않으면 상대는 모른다. 칭찬은 살아가면서 꼭 필요한 중요한 기술임에도 우리는 칭찬하는 법을 배운 적이 없다.

인간은 보고 듣고 익힌 것만 할 수 있다. 칭찬에 미숙한 사람들은 대부분 자라면서 칭찬을 받아본 적이 별로 없는 사람들이다. 성장과정에서 칭찬을 받지 못하고 살아온 사람은 칭찬하는 데 서툴고 인색하다. 그런 사람들은 칭찬을 어떻게 해야 할지 잘 모르며 어설프게 하느니 차라리 안하는 것이 낫겠다고 생각한다.

게다가 '칭찬을 하면 상대가 아부로 생각할지도 몰라' '칭찬을 하면 실없는 사람으로 보이지 않을까' 하는 칭찬에 대한 오해도 한 몫하고 있다. 칭찬을 하면 때로는 사람이 실없어 보일 때도 있고, 가벼워 보이기도 하고, 경우에 따라서는 사람을 놀리는 것으로 오해받을 수도 있다. 칭찬을 하다 보면 아부한다는 소리를 들을 수도 있다. 칭찬과 아부는 비슷한 형태이기 때문이다. 아부를 못하는 사람은 칭찬도 못하기 마련이다. 자신이 떳떳하다면 다른 사람이 어떻게 생각하는지 신경 쓸 필요가 없다.

상대에게 잘 보이려고 사실과 다르게 말하는 것은 아부로 오해받을 수도 있지만 진심이 담겨있는 칭찬은 상대를 즐겁게 해준다.

또한 상대방을 너무 칭찬해주면 콧대가 높아지지 않을까 걱정하는 사람도 있다. 인간은 비난을 받으면 사나워지지만 칭찬을 받으면 오히려 유순해진다. 나를 비판한 사람에게는 가혹할 수 있지만 나를 칭찬해준 사람에게는 그럴 수 없다.

아무리 좋은 약이라도 어느 정도의 부작용은 있듯이 칭찬도 부작용이 전혀 없다고 볼 수는 없다. 설사 칭찬을 받아 콧대가 높아지더라도 칭찬에 굶주려 있는 것보다는 훨씬 낫다.

매일 밤 굶주린 배로 잠자리에 드는 사람보다 칭찬에 허기져 잠자리에 드는 사람이 많다는 사실을 기억하라.

우리는 종종 '칭찬하고 싶어도 칭찬할 게 없다'는 말을 한다. 아무리 살펴봐도 잘하는 것은 보이지 않고 나쁜 점만 보이는 것이다.

무엇이든지 처음에는 좋게 느껴지던 것도 익숙해지면 당연한 것으로 된다. 타성에 젖어들면 타고난 미인도 보통사람이 되고, 특별한 재주를 가진 사람도 평범하게 느껴진다. 대상이 중요한 게 아니라 대상을 보는 관점이 더 중요하다. 대상이 바뀌는 경우는 드물다. 대상이 바뀌기를 기다리는 것보다 자신이 타성에서 벗어나도록 하는 것이 더 낫다.

칭찬을 하려면 상대의 좋은 점을 찾으려고 노력해야 한다. 노력을 기울이다 보면 좋은 점을 더 많이 발견하게 되고, 칭찬할 말을 찾게 된다.

진정으로 아름다운 것은 숨겨져 있기 마련이다. 숨어 있는 것을 보는 것은 '마음의 눈'이다. 마음의 눈을 가리게 하는 것이 타성이다. 타성에 젖어 있는 사람은 자신이 타성에 젖어 있는 줄 잘 모른다.

우리가 넘어야 할 적은 외부에 있는 라이벌이 아니라 바로 내 안의 타성이다. 타성에서 벗어나려면 낯선 것에 빨리 익숙해져야 하고 익숙한 것을 낯설게 보는 습관이 필요하다. 항상 타성을 뒤집으려고 노력해야 하는 건 아니다. 필요한 것은 '타성을 탄성으로 바꾸는 작은 변화'를 찾아내는 노력이다.

말 잘하는 사람들의 3가지 비법 ;

자존감 높은 사람이
칭찬도 잘한다

 칭찬해야 할 때 칭찬하지 못하는 사람은 열등감을 가지고 있는 사람이다.

상대보다 낮은 자존감으로는 칭찬을 할 수 없다. 상대에게 칭찬을 해야 할 때라는 것을 알지만 마음속에 있는 열등감 때문에 칭찬을 못하는 것이다. 칭찬하는 것은 자존심 상하는 일이 아니다. 오히려 칭찬을 해야 하는 상황에서 칭찬을 하지 못할 정도로 옹졸한 것이 자존심 상하는 일이다.

타인을 칭찬하는 것은 괴테의 말처럼 '내가 낮아지는 것이 아니라 오히려 상대방과 같은 위치로 나를 끌어올리는 것'이다. 내가 그 위치에 있지 않으면 열등감과 질투심 때문에 상대를 칭찬하시 못한다.

칭찬은 내가 가지고 있거나 그와 대체할 만한 다른 무언가가 있을 때 나오는 것이다. 우리 주변에 칭찬을 자주 하는 사람이 있다면 그는 자존감이 상당히 높은 사람일 것이다. 그런 사람은 상대를 칭찬해도 아무렇지 않을 만큼의 자기 이미지가 만들어져 있다. 그런 사람만이 타인에게 진심어린 칭찬을 할 수 있다.

인간은 자신을 높이 평가해주는 말 한마디에 사력을 다한다. 그래서 명품백도 구입하고 성형수술도 하고 고급차도 욕심내는 것이다. 모든 예술과 스포츠 그리고 미덕도 결국은 칭찬을 듣기 위해 존재한다고 볼 수 있다.

공자의 인생삼락 중 "남이 나를 알아주지 않아도 성내지 아니하면 어찌 군자가 아니겠는가?(人不知而不慍 不亦君子乎)"라는 말도 범인들로서는 정말 도달하기 어려운 경지다.

사람은 자기 자신을 잘 안다고 생각하지만 의외로 가장 잘 모르는 게 또한 자기 자신이다. 자신의 모습을 다른 사람의 반응이나 태도를 통해서 발견하게 되기도 한다. 칭찬은 상대의 가치를 알고 그것을 상대가 알게 하는 것이다. 대부분 우리는 군자도 성인도 아니기 때문에 남이 나를 알아주기를 바라고 알아주지 않으면 화를 내거나 서운하게 생각한다.

유머로 상대의 마음을 열고, 칭찬으로 상대의 마음을 얻어보라.

한 호화주택에 사는 여주인이 휴가기간 동안 잠시 자신의 집을 관리해줄 사람을 구하고 있었다. 보수가 좋았기 때문에 많은 사람들이 일을 하겠다고 찾아왔다.

여주인은 여러 구직자 중에서 가장 평범한 아가씨를 골랐는데 그녀만이 집에 들어서며 탄성을 질렀기 때문이다.

"집이 대단히 아름답군요!"

여주인은 이 말을 듣고 기분이 좋아 조금도 망설이지 않고 그녀를 고용했다.

나를 알아주고 나의 장점을 찾아 칭찬해주는 사람에게 끌리고 그런 사람에게 관대하고 뭔가를 해주고 싶은 것은 당연한 마음이다.

프로이트의 말처럼 비판에 대해서는 방어가 가능하지만 칭찬에 대해서는 무기력할 수밖에 없다.

초등학교 3학년 국어시험에 '샘'이라는 글자를 넣어 하나의 문장을 만들라는 문제가 나왔는데, 한 학생의 답안지에 이렇게 적혀 있었다.

"국어 '샘'은 훌륭한 선생님입니다."

선생님이 말한 '샘'은 그 샘이 아닐 텐데 선생님은 그 학생의 답안지에 '참 잘했어요' 도장을 몇 개나 찍어주었다는 우스개가 있다.

상대의 마음을 얻으려면 칭찬이 필요하다.

어떤 형태로든 칭찬을 하면 상대의 마음을 얻는다는 사실을 우리는 알면서도 막상 실천하기가 쉽지는 않다. 상대방을 칭찬하는 것은 상대에 대한 관심이 있어야 가능한 일이고, 애정이 있어야 할 수 있는 행동이다. 윗사람이라고 하더라도 지위만 그렇지 나약한 한 인간에 불과하다. 그런 사람에게 하는 칭찬이 때로는 아부로 비춰질 수도 있겠지만 다른 사람들을 너무 의식할 필요는 없다.

사람들은 자신이 얼마나 중요한 사람인지 알고 싶어 한다. 스스로 어떻게 생각하느냐가 아니라 타인이 어떻게 봐주는가에 따라 자존감을 얻기도 하고 잃기도 한다.

스스로 충만해 보이는 사람도 누군가에게 사랑받고 인정받고 싶어 하는 욕망이 있다. 그런 사람에게 자신이 꼭 필요하고 중요한 사람이라는 것을 느끼게 해주는 것은 매우 중요한 일이다.

칭찬을 들으면 세로토닌의 분비가 활발해져 기분이 좋아진다. 이것이 부족하면 우울증에 걸리기 쉽다. 우울증의 원인에는 여러 가지가 있지만 가장 큰 이유는 나를 알아주고 이해해주는 사람이 없기 때문이다. 우울증으로 자살하는 사람들의 경우, 그를 알아주는 사람이 단 한 명만 있었어도 그런 극단적인 선택을 하지 않았을 확률이 높다.

사람들에게 '당신은 아주 중요한 존재랍니다' 라고 깨닫게 해주는 아주 유용한 도구가 바로 칭찬이다. 누군가 나를 알아주고 칭찬해 주면 힘이 생긴다. 칭찬은 상대를 긍정적으로 변화시킬 뿐만 아제 외모는 비록 왜소하지만 당신의 칭찬 한마디에 무척 힘이 난답니다.
제 마음을 드릴게요. 받.아.주.시.겠.어.요..

니라 사람 사이의 관계를 결속시키는 힘을 갖고 있다. 상대를 칭찬하고 격려해주면 잠재능력을 깨워 마음껏 꽃을 피울 수 있게 된다.

영국 국회에서 한 초선 의원이 연설을 하게 되었다.

그는 심하게 긴장한 탓에 연설을 하면서 실수를 연발했다. 그 자리에 있던 국회의원들은 '아무리 초선이라지만 준비한 원고도 제대로 읽지 못하냐'며 비웃었다.

반대 정당 사람들은 야유를 퍼부었고 같은 정당 의원들조차 부끄러워했다. 의원은 점점 당황해서 어쩔 줄 몰라 하고 있었는데 처칠이 자신의 비서를 시켜 의원에게 쪽지를 전달해주었다.

'자네는 잘 해낼 수 있다네. - 처칠'

당시 의회에서 가장 영향력 있는 의원이었던 처칠의 격려를 받은 이 의원은 이후 전혀 다른 사람이 되었다. 쩔쩔매는 모습은 온데간데없고 남은 연설을 훌륭히 마칠 수 있었다.

말 잘하는 사람들의 3가지 비법 ;

성공한 사람들의
언어 습관

괴테는 "한 인간을 대할 때 그가 '되어야 하고 될 수 있는' 그런 사람으로 대한다면 그는 결국 그가 '되어야 하고 될 수 있는' 그런 사람이 될 수 있다"고 했다.

성공한 사람의 이면에는 누군가의 진심어린 칭찬이라는 배경이 있다. 칭찬을 받으면 현재에 머무르는 것이 아니라 '더 잘해야겠다'는 생각을 하게 된다. 칭찬에는 타인의 기대나 관심으로 인해 능률이 오르거나 결과가 좋아지는 피그말리온 효과가 있다. 상대에게 '무엇이 될 수 있다'는 긍정적인 태도로 대해주면 상대는 거기에 부응하는 노력을 하게 되고 기대를 저버리지 않는다는 것이다. 그래서 칭찬을 들을수록 더욱 열심히 해 좋은 성과를 얻게 된다. 동서양을 불문하고 성공한 사람들을 분석해보면 모두 칭찬의 대가들이었다.

사회학자 프란체스코 알베로니에 따르면, '성공한 사람들의 언어 습관 중 가장 두드러진 것은 칭찬'이라고 한다. 그는 "칭찬은 낙관주의자가 할 수 있는 최고의 표현이며, 나뿐만이 아니라 너와 우리 모두를 성공으로 이끄는 위력을 지니고 있다"라고 말했다.

회사에서 직원들에게 일일이 지시하지 않아도 각자 알아서 자기가 할 일을 수행하도록 하려면 칭찬이 필요하다. 많은 사람들이 물질적인 이득보다는 진심어린 칭찬 한마디에 더 큰 감동을 한다.

상사가 할 일 중 가장 중요한 일은 직원들의 뛰어난 능력을 찾아 그 사람의 장점을 최대한 활용하는 것이다.

부하의 마음을 움직일 때 가장 먼저 해야 할 일은 부하의 뛰어난 업적을 찾아 칭찬하는 것이다. 그리고 그 능력을 바르게 써줄 것을 당부하면 부하들은 최선을 다 한다.

폴 마르시아노 박사는 "1분 동안 칭찬을 해주면 직원들은 100분 동안 자기주도적으로 일한다"고 했다.

칭찬은 고도의 조정능력이다. 칭찬은 고래도 춤추게 하고 곰도 재주부리게 한다. 칭찬을 하면 상대방이 동기부여가 되고, 좋은 행동을 반복적으로 하게 하는 힘이 생긴다. 사랑하는 사람으로부터 칭찬을 받는 것은 마력과 같은 힘을 발휘한다.

세계적인 동기부여가 지그 지글러는 "진지한 칭찬은 최고로 효과적인 가르침이며, 가장 자극적인 동기유발의 방법이다"라고 말

말 잘하는 사람들의 3가지 비법

했다. 동기부여를 하고 더욱 좋은 환경과 상황을 만들기 위해서는 꾸중보다는 칭찬이 훨씬 더 좋은 방법이다.

누구나 칭찬을 들으면 기분이 좋다. 다음에도 그 말을 회상하면서 자신의 좋은 이미지를 떠올릴 것이다. 비판은 일시적으로 바꿀 수는 있어도 그때뿐이다. 지속적으로 사람을 바꾸는 가장 효과적인 방법이 칭찬이다. 사람들은 자신이 인정받고 존중받고 있다고 느낄 때 상대를 마음으로 받아들인다. 다시 말해 상대에게 자신이 소중한 사람으로 인식되고 있다는 느낌이 들 때 움직인다.

사람들은 다른 사람에게서 인정받고 칭찬받기 위해 산다고 해도 과언이 아니다. 당신이 누군가를 진정 아낀다면 그 사람을 칭찬할 수 있어야 한다. 마음으로부터 우러나는 칭찬을 받은 상대는 그것을 마음속 깊이 간직한다. 칭찬하는 사람은 잊어버릴지라도 칭찬을 받은 사람은 오랫동안 간직하고 마음 흐뭇해할 것이다.

가장 가까운 부부 사이에 칭찬은 더욱 필요하다. 주부들은 음식을 장만하는 데 많은 시간과 노력을 들인다. 식탁을 한 번이라도 차려본 사람은 그것을 만드는데 얼마나 많은 시간과 노력이 들어가는지 안다. 맛있게 먹어주는 게 최고의 칭찬이라고 하지만 정성들여 만든 음식을 말로 표현해주지 않으면 아내는 모른다.

대부분의 부부싸움도 결국은 배우자가 자신을 알아주지 않아서 일어나는 것이다. 아내가 주방에서 힘들여 음식을 만들었는데 아무런 말이 없으면 힘이 빠지는 건 당연하다. 매일 세 끼 먹는 밥, 먹는데는 20분이면 되지만 만드는 데는 2시간이 걸린다.

"당신 음식 솜씨는 정말 최고야!"라며 엄지손가락을 치켜세우기만 하면 되는데 남자들이 그것을 못한다.

칭찬은 상대를 위한 것이기도 하지만 결국은 나 자신을 위하는 것이다. 상대에게 꽃을 주면 나에게 먼저 향기가 배어나고 상대가 즐거우면 나도 즐겁다. 나로 인하여 다른 사람이 즐겁고 행복할 수 있다면 그것이 결국 나의 행복이다.

상대의 마음을 얻기 위해서는 칭찬이 가장 좋은 방법이다. 음식 솜씨가 좋다는 칭찬을 받은 아내는 가만히 있지 않는다. 아내는 더 좋은 쪽으로 변하기 위해 노력할 것이다. 아내의 변화는 식탁에서 시작된다. 올라오는 음식이 달라진다. 그 다음의 변화는 얼굴에서 나타난다. 얼굴색이 살아나고 피부에도 윤기가 생긴다.

칭찬 한마디가 밥상을 바꾸고 아내의 얼굴을 바꾼다. 아내는 칭찬을 받기 위해 더욱 칭찬받을 일을 한다.

칭찬하는 사람은 상대에게 좋은 인상을 준다. 특히 고객을 상대하는 직업을 가지고 있는 사람들은 누구보다 칭찬을 많이 해야 한다. 칭찬이야말로 고객의 마음을 사로잡을 수 있는 가장 강력한 무기다.

12년 동안 자동차 13,000대를 팔아 세계 최고의 자동차 판매왕이 된 조 지라드는 매일 만나는 모든 사람들에게 칭찬을 함으로써 기분 좋게 관계를 맺어 위대한 세일즈맨이 되었다.

칭찬은 상대의 가슴에 발아되지 않은 씨앗에 물을 주어 싹이 돋게 하고, 아직 피지 않은 꽃에 거름을 주어 꽃피게 하는 것이다.

나의 따뜻한 말과 행동이 다른 사람을 즐겁고 행복하게 할 수 있다면 칭찬을 아끼지 말자.

상대가
듣고 싶어 하는 말
해주기

무슨 일을 할 때 어떻게 할 것인가 보다 무엇을 할 것인가를 아는 것이 더 중요할 경우가 있다. 칭찬이 바로 그렇다. 무엇을 칭찬할 것인가를 알면 어떻게 칭찬할 것인가도 알게 된다.

상대에게 어떤 말을 해주면 좋을지 모르겠다면 당신이 상대로부터 어떤 말을 듣고 싶은가를 생각하라. 마키아벨리는 "사람을 다루는 가장 좋은 방법은 그들이 듣고 싶어 하는 말을 해주는 것이다" 라고 말했다.

먼저, 눈에 보이는 쉬운 것부터 시작해서 눈에 보이지 않는 내면으로 발전하는 것이 좋다.

그러면, 어떤 것부터 칭찬을 할 것인가?

첫째, 외모부터 칭찬하라.

외모는 눈에 잘 띄기 때문에 누구나 마음만 먹으면 칭찬할 것을 찾을 수 있다. 내면에 있는 것은 찾기 어렵다. 칭찬은 바로 눈에 보이는 쉬운 것부터 시작하는 게 좋다. 눈에 보이지 않는 것은 칭찬하지 않아도 문제가 되지 않지만 눈에 뻔히 보이는 것을 칭찬하지 못하면 문제가 될 수 있다. 특히 여성에게는 외모를 칭찬하는 것만큼 잘 먹히는 칭찬은 없다.

여성에게 아름답다고 칭찬하면 빈말인 줄 알면서도 기분이 좋아진다. 여성은 누구나 아름다워지려고 애쓴다. 예쁘다는 말을 듣기 위해 성형수술도 하고 미용실에도 가고 피부관리도 받는다.

다이어트는 물론이고 헬스도 하고 요가도 한다. 이렇게 많은 돈과 시간을 들여 예쁘게 가꾸는 것은 모두 다른 사람에게서 인정을 받고 칭찬을 받고 싶은 마음 때문이다.

얼굴이 크게 예쁘지 않은 사람이라도 예쁘다는 말은 통한다. 외모에 대한 칭찬이 효과적으로 통하는 사람은 자타가 인정하는 미인보다 잘생기지 않은 보통사람이다. 보는 관점에 따라 예쁘게 볼 수도 있고 평범하게 볼 수도 있는 사람에게는 예쁘다는 칭찬이 필요하다.

영국의 정치가이자 저술가인 필립 체스터필드는 "여성들은 대체로 자신의 외모나 몸매, 분위기까지 알고 있기 때문에 얼굴이 못생긴 여성이어도 몸매와 분위기가 부족한 얼굴을 보상해주리라고 자신한다. 몸매가 흉하다면 얼굴이 보상해줄 것이라고 생각한다. 몸매와 얼굴이 모두 흉하다면 우아함이나 매너가 뛰어나다는 점으로 스스로를 위로하고, 표현할 수 없는 무엇이 외모를 능가한다고 여긴다" 고 말했다.

미모를 갖추지 못한 사람에게도 외모에 대한 칭찬을 얼마든지 할 수 있다. 얼굴이 잘생기지 않아도 몸매가 날씬한 사람이 있고, 몸매는 아니지만 피부 하나는 끝내주는 사람도 있다. 다른 것은 볼품없어도 눈웃음이 예쁜 사람이 있고 머릿결 하나만 고운 사람도 있다. 그런 사람에게는 좋은 점만 찾아 칭찬해보라. 좋은 것도 있는데 굳이 안 좋은 것을 생각할 필요가 없다.

지성과 미모를 갖춘 여인에게는 영(靈)과 육(肉)이 아름답다고 하고, 지성도 미모도 갖추지 못한 여인에게는 마음씨가 예쁘다고 하라. 누구나 자신의 마음씨가 예쁘다고 생각하기 때문에 무리 없이 통하게 된다.

사람들이 듣기 좋아하는 외모에 대한 칭찬은 예뻐지고 날씬해지고 젊어진다는 것이다.

"갈수록 젊어지시네요. 나이를 거꾸로 먹나 봐요."

"그렇게 혼자 자꾸 예뻐지면 다른 사람은 어떡해요?"

"헤어스타일이 바뀌었네요. 훨씬 젊어 보이네요."

"요즘 다이어트 하세요? 많이 날씬해지셨어요."

"피부가 정말 어린아이 피부 같아요."

둘째, 소유하고 있는 것을 칭찬하라.

사람들이 많은 돈을 들여 좋은 집, 자동차, 옷, 가방, 액세서리를 사는 것은 결국 다른 사람에게 예쁘게 보이고 싶은 마음 때문이다.

칭찬을 어렵게 생각할 필요 없다. 상대가 듣고 싶어 하는 말 중 상대에게 있는 것을 찾아 말해주는 것이 칭찬이다. 상대의 변화된 모습이나 눈에 띄는 것을 찾아 자신의 좋은 느낌을 이야기하면 된다. 미사여구를 잔뜩 늘어놓는 것보다는 좋은 느낌을 진술하게 말해주는 것이 좋다.

좋은 차를 산 사람에게는 "차가 사람과 잘 어울려요"라고 말해주고, 소형차를 산 사람에게는 "차가 참 깜찍하네요. 요즘처럼 고유가 시대에는 연비 좋은 차가 최고죠"라고 말하면 된다. 고층 아파트로 이사 간 사람에게는 "전망이 좋은 집에 살아서 좋겠어요"라고 말하고, 전원주택을 지어서 이사 간 사람에게는 "조용하고 공기 좋은 곳에서 텃밭 가꾸고 사는 게 부러워요"라고 말하는 것이다.

셋째, 보이는 능력을 칭찬하라.

소유한 것보다는 능력을 칭찬하는 것이 중요하다. 소유하는 것은 돈만 있으면 누구나 할 수 있는 일이다. 돈만으로 안 되는 능력을 칭찬해보라.

남자는 외모에 대한 칭찬보다 자신의 능력에 대한 칭찬을 더 좋아한다. 남자는 외모보다 직업을 통해 능력을 인정받고 싶은 욕망이 강하기 때문이다. 상대가 특별한 물건을 가지고 있으면 칭찬해주기 쉬운데 특별한 재능이나 능력을 가지고 있으면 칭찬해주기 어렵다. 소유물은 누구나 보고 평가할 수 있지만 능력은 그렇지 않기 때문이다. 남자들은 자동차로 신분을 과시하려는 경향이 있다. "차가 멋지다"는 말을 듣는 것보다 그런 좋은 차를 타고 다닐 정도의 능력을 인정받고 싶어 한다. 상대방에게 "넥타이 색깔이 멋지다"고 말하는 것보다 "멋진 넥타이를 고른 안목이 탁월하다"고 말해주는 게 더 효과적이다.

여자도 마찬가지다. 헤어스타일이 멋지다는 말보다는 그런 헤어스타일을 할 정도의 패션 감각을 인정받으면 더 기뻐한다. "원피스가 참 예쁘네요"보다 "원피스도 예쁘지만 옷을 받쳐주는 몸매가 더 명품입니다"가 더 낫다.

숨은 매력을
찾아내는 눈

 한 사람의 외적인 아름다움뿐만 아니라 내적인 아름다움을 발견하고 적절하게 칭찬할 수 있다면 이런 사람을 누가 좋아하지 않겠는가!

하지만 여기서부터는 칭찬이 어려워진다. 이 영역은 눈에 보이는 것이 아니라 발견해야 하기 때문이다.

겉으로 보이는 것에서부터 시작해서 내재된 인품이나 능력에 대한 칭찬으로 갈수록 칭찬의 품격이 높아진다. 물론, 상대방을 자연스럽게 칭찬하는 것은 쉬운 일이 아니다. 상대의 지성을 칭찬하려면 내가 상대와 동등 이상의 지성을 가지고 있어야 한다.

성격도 마찬가지다. 절대적으로 좋은 성격도 없고 나쁜 성격도 없다. 남녀가 사랑을 하는 것도 성격 덕분이고, 헤어지는 것도 성격 때문이다. 그만큼 내가 어떻게 보느냐에 따라 다르게 보인다.

카사노바는 미인에게는 지성을 칭찬하고 지성을 갖춘 여성에게는 미모를 칭찬했다. 미인에게는 외모가 아닌 다른 것을 칭찬하고 못생긴 여자에게는 "마음이 참 아름답군요"라고 말해보라. 그러면 그녀는 믿을 것이고 칭찬의 효과는 커진다.

자신의 헤어스타일에 대해 칭찬을 받는 것도 좋지만 그 머릿속에 있는 지성이나 가슴 속에 있는 감성에 대해 칭찬을 받으면 더욱 즐겁다. 중년의 여인에게는 예쁜 얼굴보다 내면에서 우러나오는 인품을 칭찬해보라. 얼굴이 예쁜 것은 타고난 것이지만 인품은 살아가면서 본인이 만든 것이다.

"지성과 미모를 갖춘 당신과 함께 있으면 시간 가는 줄 몰라요."

"당신과 이야기하고 있으면 빨려들어 가는 것을 느껴요. 시간이 금방 가요."

"당신의 이야기는 내용도 좋지만 재미가 있어요. 어쩌면 그렇게 말씀을 잘하세요?"

"당신은 다른 사람의 이야기를 잘 들어주고 공감해주는 것이 참 좋아요."

"성격이 굉장히 개방적이고 호탕하시네요."

"상대를 편안하고 즐겁게 해주는 능력을 갖고 계시네요."

상대가 이미 알고 있는 사실에 대해서 칭찬하는 것은 효과가 적다.

누구나 좋다고 생각하고 잘한다고 생각하는 것을 칭찬하는 것은 특별한 칭찬이 아니다.

상대가 정말 얼굴이 예쁘고 몸매가 좋은 사람이라면 이런 말을 많이 들었기 때문에 큰 효과를 기대하기는 어렵다. 이것은 누구나 할 수 있는 일이다. 좀 더 특별하고 강렬한 칭찬을 하려면 특별해야 한다.

최고의 칭찬은 상대의 숨겨진 장점이나 매력을 찾아 스스로 잘난 사람임을 인식하도록 하는 것이다.

눈에 보이지 않고 숨겨져 있어 상대도 다른 사람들도 잘 모르기 때문에 찾기는 힘들지만 찾기만 하면 평소에 잘 듣지 못하는 칭찬이기 때문에 효과가 매우 크다. 남들이 해주지 않는 특별한 칭찬을 해줄 때 상대는 하늘로 올라가는 듯한 기쁨을 느낀다.

의외로 자신의 장점을 모르는 사람이 많다. 다른 사람들이 말해주지 않았던 점을 말하면 "진짜? 나에게 그렇게 멋진 면이 있었단 말이야?" "내가 말을 그렇게 말을 재미있게 한단 말이지?"라며 놀란다.

만약 상대가 인정할 수만 있다면 자신이 깨닫지 못한 점을 타인으로부터 칭찬을 받는 경우이므로 한순간의 기쁨은 말할 것도 없고 때로는 상대의 인생이 바뀌는 경우도 있다.

전설적인 야구선수 베이브 루스는 은퇴할 때까지 714개의 홈런을 기록했다. 그는 1895년 미국 볼티모어시의 빈민가에서 태어났다. 소년 시절에는 아무도 감당 못할 정도로 난폭한 아이였다. 부모조차 포기하고 그를 불량 청소년 교육기관인 세인트 메리 공예학교에 넣었다. 그때 그의 인생을 변화시킨 사람은 메시어스 선생님이었다. 그는 반항으로 일관하는 베이브를 향해 이렇게 말했다.

"너는 참으로 어쩔 수 없는 아이구나. 단 한 가지 좋은 점을 제외하고는…."

"선생님, 거짓말하지 마세요. 나에게 무슨 좋은 점이 있다는 거죠?"

메시어스 선생님은 "네가 없으면 학교 야구팀이 무척 곤란해지지 않겠니? 그러니 한번 열심히 해봐"라고 칭찬했다. 어디에서도 환영을 못 받던 베이브에게 메시어스 선생님의 이 한마디 칭찬이 그의 방황에 종지부를 찍고 위대한 야구선수가 되게 해준 계기가 되었다.

남들이 알아보지 못한 것을 찾아내어 칭찬을 해주면 그는 이렇게 생각할 것이다.

'당신은 처음으로 제게 그런 말을 해준 사람이며 처음으로 그것을 제대로 알아봐준 사람입니다. 당신은 나에게 특별한 사람입니다.'

특별한 사람은 아무나 되는 게 아니다. 특별하게 생각을 하고 특별한 행동을 해야 한다.

말 잘하는 사람들의 3가지 비법

이런 칭찬은 오랫동안 관심을 가지고 지켜봐야 할 수 있다. 이는 상대의 능력을 고양시켜 주고 장점을 특별히 부각시켜 주는 칭찬으로, 진실성에 바탕을 두어야 한다. 주눅이 들었거나 자신의 능력을 잘 모르는 상대에게 격려와 칭찬을 아끼지 않아 능력을 제대로 발휘할 수 있도록 하는 것이다. 이런 칭찬은 상대에 대한 존중이며 상대가 능력을 제대로 발휘하게 하는 것으로 최고의 칭찬이다.

칭찬 한마디가 사람의 운명을 바꿀 수도 있다.

가난한 한 청년이 파리의 어느 교외 커피숍에서 정처 없이 세월을 보내고 있었다. 당장 먹고 살 길이 막막한 그는 옷을 살 수가 없어 틈나는 대로 옷을 스스로 만들어 입어야 했다.

"어머, 그 옷 참 멋지네요. 어디에서 그런 옷을 구할 수 있죠?"

"네? 제가 만든 옷인데요."

"아, 그래요? 당신은 분명히 백만장자가 될 거예요."

이름조차 모르는 한 여인의 특별한 칭찬 한마디 덕분에 그는 자신의 재능을 세상에 드러내기 시작했다. 그는 바로 피에르 가르댕이다.

아무리 평범한 사람이라도 인정받고 싶은 것 한두 가지는 있게 마련이다. 하지만 스스로 드러내놓고 자랑하면 상대방의 질투심을 유발할 수도 있고 팔불출이라는 소리를 들을 수도 있어 근질근질한

입을 억지로 참는다.

그런 상대의 마음을 얻는 방법은 상대의 마음을 읽고 대신 터뜨려주는 것이다. 상대가 숨기고 있는 것을 찾는다는 것은 쉬운 일은 아니다. 그러나 상대를 조금만 관찰해보면 알 수 있다.

소풍을 가서 보물찾기를 해본 경험이 있을 것이다. 보물을 숨기는 사람은 꽁꽁 숨기지 않는다. 그렇다고 금방 눈에 띄는 곳에 두지도 않는다. 조금만 관찰해보면 찾을 수 있는 곳에 살짝 숨겨둔다.

자신의 매력을 숨기는 사람도 마찬가지다. 몸매에 자신 있는 사람은 몸매를 살릴 수 있는 옷을 입고, 지식이 많은 사람은 말 속에 슬쩍 흘려둔다. 상대가 평소에 자주 하는 이야기를 잘 들어보면 마음속에 숨기고 있는 것을 알 수 있다. 자식자랑을 하고 싶은 사람은 자식이야기를 자주 하고, 돈이 많은 것을 자랑하고 싶은 사람은 돈과 관계되는 것을 은연중에 비친다. 상대가 터뜨리고 싶은 것을 찾기만 하면 그 다음부터는 상대가 줄줄 이야기할 것이다. 내가 들어주기만 해도 상대를 칭찬하는 것이 된다.

상대가 숨기고자 하는 재능이나 장점 그리고 자랑하고 싶은 소유물을 찾아 칭찬해주면 좋아하지 않을 사람이 없다. 하지만 사람들은 안목이 없거나 관심이 부족하여 상대의 숨겨진 장점을 잘 찾아내지 못한다. 쉽지는 않지만 이 영역을 찾아 터뜨려주면 효과적인 칭찬이 된다.

보물을 숨기는 사람은 꽁꽁 숨기지 않아요.
살짝 숨겼으니 잘 찾아보아요~.

잘좀 봐봐,, 안보여 ? 보일텐데 ,...

존재에 대해
칭찬하라

지금까지의 칭찬은 특징 및 외모, 내면에 대한 것
이었다. 이번에는 존경과 사랑을 담은 총체적인 칭
찬에 대해 알아보기로 하자. 바로 '존재'에 대한 칭찬이다. 이런 표
현을 아무에게나 쓸 수는 없다. 존재에 대한 칭찬은 부모와 자식, 부
부, 존경하는 사람 등에 대해 한정적으로 쓸 수 있다.

〈히든싱어〉라는 TV프로그램이 있다. 소녀시대의 멤버 태연이 히
든싱어로 나왔을 때 사회자가 방청석에 있는 한 남자에게 물었다.

"태연씨의 어떤 점을 좋아하세요?"

그 남자는 우리말을 유창하게 하는 외국인이었다.

"저는 태연씨의 어떤 점을 좋아하는 것이 아니라 존재 자체를 좋
아합니다."

그 말에 태연은 말로 표현할 수 없는 감동을 받았다.

인간관계에 있어서 가장 중요한 원칙을 한 가지만 말하라면 그것은 바로 '다른 사람으로 하여금 그의 존재감을 느낄 수 있도록 하라'는 것이다. 사람은 누구나 귀한 존재이므로 존재 자체로 인정을 받는 것은 아주 중요하다. 이는 최고의 칭찬이다.

부모로부터 존재의 칭찬을 받으면서 자란 자식은 어른이 되어 자녀에게 같은 칭찬을 한다. 이런 가정은 천국과 같다.

"우리 아들(딸)로 태어나줘서 고마워. 사랑해."

"아버지(어머니)의 자식으로 태어나서 행복합니다."

"저도 아버지(어머니)처럼 살고 싶어요."

사람은 사랑하는 사람에게 꼭 필요한 존재가 되고 싶어 한다.

가끔 사랑하는 사람에게 이런 표현을 해보라.

"나는 당신이 내 옆에 있는 것만으로도 그냥 좋아."

"다시 태어나도 당신과 결혼할 거야."

"내가 물레방아가 되었을 때는 당신은 나에게 물이 되어주었고, 내가 바람개비가 되었을 때 당신은 나에게 바람이 되어주었어요."

"당신과 함께 있으면 나도 모르게 즐거워."

"당신에게는 독특한 향기가 있어요."

"당신에게는 거부할 수 없는 매력이 있어요."

"당신을 만나 나의 운명이 바뀌었어요."

상대방의 장점을
찾아내는 비결

 사람은 누구나 자신의 가치를 인정받고 싶어 하는
욕구를 가지고 있다. 사람의 마음을 얻는 가장 확
실한 방법은 상대의 장점을 찾아 칭찬하는 것이다. 문제는 상대의
단점은 특별히 노력하지 않아도 잘 보이지만 장점은 쉽게 볼 수 없
다는 데 있다. 칭찬에는 위대한 힘이 있다. 이런 힘을 가진 칭찬을
하려면 평소 상대방의 장점을 잘 보려는 노력이 필요하다.

상대의 장점을 보려면 어떻게 해야 할까?

우선, 긍정적으로 생각하라.

칭찬을 하려고 해도 칭찬할 거리가 없다고 말하는 사람은 부정적
인 사고에 젖어있는 사람이다. "실패한 사람들은 말의 8할이 부정
이다"라는 말처럼 부정적인 사고와 말은 실패의 씨앗을 잉태하고

있다. 반면 성공한 사람들은 말의 절반이 칭찬이다. 부정에서 긍정의 방향으로 힘과 사랑을 주는 것이 칭찬이다.

상대방이 바뀌어야 칭찬할 수 있는 것이 아니라 나의 관점을 바꾸면 칭찬을 할 수 있다. 세상은 어떻게 보느냐에 따라 다르게 보인다. 세상은 우리가 보는 대로 보이고 질문하는 방식대로 답을 준다.

담배를 즐겨 피우는 두 신부가 있었다. 기도를 하면서도 담배를 피우고 싶어 하던 두 신부는 주교에게 허락을 받기로 결심하고 찾아가서 물었다.

먼저 첫 번째 신부가 물었다.

"주교님, 기도하는 동안 담배를 피워도 되겠습니까?"

당연히 주교는 신부의 경망함을 질책하며 말했다.

"기도는 신과 나누는 엄숙한 대화인데 절대 그럴 순 없지."

그러나 두 번째 신부는 주교에게 다가가 다른 방식으로 물었다.

"주교님, 담배 피우는 동안 기도를 해도 되겠습니까?"

질문을 들은 주교는 골똘히 생각하더니 얼굴에 온화한 미소를 지으며 말했다.

"기도는 때와 장소가 필요 없다네. 담배를 피우는 중에도 기도는 얼마든지 할 수 있는 것이지."

주교는 매 순간 항상 기도하는 두 번째 신부의 삶을 높이 칭찬하고 담배 피우는 것을 허락했다. 질문이 달라지면 답이 달라지고 관점이 바뀌면 결과가 달라진다. '상대의 단점은 무엇인가'에서 '상대의 장점은 무엇인가'로 질문을 바꿔보라. 찾아보면 누구에게나 장점이 있고 강점이 있으며 그가 잘하는 행위가 있다. 이런 장점을 찾아서 칭찬해주면 된다.

이 세상에는 선과 악이 공존하고 모든 사람은 장점과 단점을 같이 가지고 있다. 선한 것만 존재하는 세상도 없고 장점만 가지고 있는 사람도 없다. 우리가 세상을 바꿀 수도 없고, 상대방을 내가 원하는 방향으로 바꿀 수도 없다. 유일한 방법은 세상을 보는 우리의 관점을 바꾸는 것이다. 관점을 바꾸면 단점으로 보이던 것도 장점이 될 수 있다.

말이 너무 없는 사람에게는 '남의 말을 잘 들어준다'고 칭찬해줄 줄 알고, 말이 너무 많은 사람에게는 '대화의 화제가 참 다양하다'고 말해줄 수 있어야 한다.

긍정적으로 생각하지 않으면 칭찬하려는 마음이 생기지 않고 상대의 장점이 잘 보이지 않는다. 부정적인 것은 자연발생적이지만 긍정적인 것은 의도적인 노력이 필요하다. 저절로 생기는 뱃살과 운동으로 생기는 복근을 비교해보면 잘 알 수 있다.

자신의 삶에 긍정적인 사람은 다른 사람의 성공을 진심으로 기뻐

말 잘하는 사람들의 3가지 비법 ¦

하고 축하해주며, 상대의 장점을 기탄없이 칭찬해준다.

　밉게 보면 잡초 아닌 풀이 없고 곱게 보면 꽃 아닌 사람이 없으되

　내가 잡초 되기 싫으니 그대를 꽃으로 볼 일이로다

　털려고 들면 먼지 없는 이 없고 덮으려고 들면 못 덮을 허물없으되

　누구의 눈에 들기는 힘들어도 그 눈 밖에 나기는 한순간이더라

　귀가 얇은 자는 그 입 또한 가랑잎처럼 가볍고

　귀가 두꺼운 자는 그 입 또한 바위처럼 무거운 법

　생각이 깊은 자여! 그대는 남의 말을 내 말처럼 하리라

　겸손은 사람을 머물게 하고

　칭찬은 사람을 가깝게 하고

　넓음은 사람을 따르게 하고

　깊음은 사람을 감동케 하니

　마음이 아름다운 자여!

　그대 그 향기에 세상이 아름다워라

　　　　　　　　　—이채 시인의 〈마음이 아름다우니 세상이 아름다워라〉

　감수성이 풍부하고 센스 있는 사람이 성공한다는 건 모두가 공감할 것이다. 칭찬은 성공하고자 하는 사람이 반드시 갖추어야 할 가장 중요하고 소중한 습관이다.

칭찬을 하기 위해서는 먼저 상대의 좋은 점을 발견해야 한다. 칭찬을 많이 하는 사람들을 보면 감수성이 예민하다. 상대방을 칭찬하기 위해서는 외모, 목소리, 몸짓, 분위기 등을 통해 최대한 짧은 시간 안에 상대방의 특징을 알아내야 하기 때문에 자연스럽게 오감의 센스가 발달하게 되는 것이다.

칭찬을 잘하려면 내가 긍정적이어야 한다. 비난에는 에너지가 필요 없지만 칭찬에는 에너지가 필요하다. 긍정적인 생각을 하면 내면에서 에너지가 생기고 그 에너지가 긍정적인 생각을 할 수 있도록 도와준다.

관심과 배려에서
시작되는 칭찬

 칭찬은 상대에 대한 관심과 배려심이 있어야 할 수 있다. 상대가 무엇을 잘하는지, 무엇을 가지고 있는지, 어떤 사람인지 모르면 칭찬을 할 수 없다.

누군가를 칭찬하려면 그를 향한 관심이 있어야 한다. 상대의 외모는 눈에 쉽게 보이지만 내면에 있는 소중한 것은 《어린왕자》에 나오는 말처럼 눈에 보이지 않는 법이다. 소중한 것은 마음의 눈으로 봐야 한다. 마음의 눈으로 보는 것이 관심이다. 관심을 가지고 상대를 보면 그 사람의 장점이 눈에 띈다.

사람은 자신이 잘 알고 있거나 좋아하는 분야에 대해 이야기하는 것을 좋아한다. 상대가 어떤 일에 관심을 갖고 있는지, 어떤 말을 듣고 싶어 하는지는 상대의 말에서 찾을 수 있다.

평범하게 보이는 것에서도 비범한 것을 발견해낼 수 있는 마음이 관심이다. 칭찬은 관심으로부터 시작된다. 관심이 없으면 칭찬할 것을 찾지 못한다. 상대에게 관심을 기울일 때 비로소 상대방의 장점이 눈에 들어온다.

나에 대한 상대의 생각은 상대에 대한 나의 생각과 같다. 상대는 나를 비추는 거울이다. 내가 상대를 좋게 보면 상대도 나를 좋게 볼 것이다. 내가 상대를 칭찬하면 상대도 나를 칭찬하게 되고 내가 상대에게 관심을 가지면 상대도 나에게 관심을 가지게 될 것이다. 칭찬이 입에 발린 말이 되지 않으려면 진심이 담겨 있어야 한다. 근거 없이 칭찬하거나 의례적인 칭찬은 오히려 역효과만 일으킨다.

남이 발견하지 못하는 것을 찾아내 그것을 크게 키워서 칭찬하는 것이 중요하다. 그러기 위해서는 먼저 상대방에 대해 알아야 한다.

아내에게 칭찬할 외모가 없다면 자세히 보지 않았거나 마음의 눈으로 보지 않았기 때문이다. 관심을 가지고 보아야 상대가 얼마나 예쁘고 사랑스러운지 알 수 있다. 아내가 머리모양을 새롭게 바꿨는데도 남편이 몰라본다면, 아내가 불만을 갖는 것은 당연하다. 무딘 남편은 아내가 미용실에서 늦는다고 전화까지 했는데도 집에 온 아내의 모습에서 달라진 걸 눈치채지 못한다. 그런 남편을 보는 아내는 '지구상에서 마지막으로 길들여야 하는 가축은 남편'이라는 말을 생각하게 된다.

관심을 표시하는 가장 좋은 방법은 말을 거는 것이다. 아무도 말을 걸지 않아도 행복한 사람은 묵언수행하는 스님뿐이다.

말을 거는 것은 내 마음을 보여주는 것이며 상대의 마음으로 들어가는 것이다. 관계는 상대에게 말을 거는 데서 시작된다. 누군가가 나에게 말을 걸어왔다는 것은 내가 관심의 대상이 되었다는 뜻이다. 상대에게 관심을 보여주면 상대도 자신의 마음을 보여주게 된다. 거기서 관계는 시작된다.

관심이 없으면 칭찬할 내용이 없고 배려하는 마음이 없으면 칭찬해야 할 이유가 없다. 배려는 상대가 원하는 것을 주고 숨기고 싶은 것을 눈감아주는 것이다. 배려를 하려면 상대가 원하는 것이 무엇인지 알아야 한다.

외로운 사람에게는 관심을, 용기가 필요한 사람에게는 긍정적인 말을, 자존감이 부족한 사람에게는 칭찬을 해주는 것, 그리고 상대의 단점을 알고 있지만 건드리지 않는 것이 배려다.

상대의 단점을 알아보는 것은 명석함이고, 단점을 알면서도 말하지 않는 것은 지혜. 배려는 잘 나가는 사람보다 자신의 가치를 잘 느끼지 못하는 사람에게 더 필요하다.

나를 알아주고 내가 잘하는 것을 칭찬해주고 내가 부끄럽게 생각하는 것을 덮어주는 사람에게 약할 수밖에 없다. 사람은 상대의 배려를 통해 자신의 존재감을 확인하는 것이다. 그런 사람을 통해 비로소 자신이 한 인간으로서 제대로 평가받고 있다는 생각을 갖게 된다. 그리고 언제나 내가 주인공이 되도록 배려해주는 사람에게 빠질 수밖에 없다.

은근히 나의 긍정적인 대답을 기대하면서 상대방이 질문을 할 때가 있다. 그때 상대의 기대와 전혀 다른 답을 하면 상대는 상처를 받을 수 있다.

결혼한 지 3개월 된 부부가 다정히 앉아 미스코리아 선발대회를 보고 있었다.
그런데 갑자기 부인이 남편의 팔짱을 끼고 다정한 목소리로 말했다.
"여보, 자기는 내가 섹시해서 결혼했어, 아니면 예뻐서 결혼했어?"
한참을 멍하니 쳐다보던 남편이 말했다.
"그야 당신의 유머감각 때문에 결혼했지!"

이는 아내가 듣고 싶어 하는 답이 아니다. 아내가 원하는 답은 질문 속에 있다. 상대가 무엇을 원하는지는 상대의 말을 잘 들어보면 알 수 있다.

부부간에도 칭찬이 절실하게 필요하다. 처음에는 상대를 잘 알아야 칭찬이 나오지만 부부처럼 너무 잘 아는 것은 칭찬에 걸림돌이

되기도 한다. 사람들이 품게 되는 대부분의 불만은 알아주지 않는다는 데서 비롯된다. 아내가 남편에게 가장 듣고 싶어 하는 칭찬은 '당신이 이 세상에서 제일 예쁘다'는 것이다. 부부는 타성에 젖으면 상대의 장점을 보지 못한다.

대화를 할 때는 상대가 듣고 싶은 말을 하라. 상대의 의도를 파악하지 못하고 다른 답을 말하는 것은 상대에 대한 배려가 아니다. 배려가 없는 관계는 상대에게 상처가 될 수 있다.

사소한 일상에
감사할 줄 아는
마음

 삶은 작은 일상으로 이루어진다. 작은 것을 무시하고 큰 것만 찾으면 실망하게 되고 결국 인생이 시들해진다. 작은 것을 무시하지 말고 당연한 것을 간과하지 마라.

우리가 누리는 것의 소중함은 그것을 잃어버리기 전까지는 모른다. 우리가 숨을 쉬는 것도, 두 발로 걷는 것도 중환자실에 있는 사람에게는 눈물 날 정도로 감사한 일이다.

대부분 작은 것은 그냥 넘기고 큰 것만 칭찬하려고 한다. 작은 일, 당연한 일에도 감사하고 칭찬하라. 나에게는 사소한 것이지만 상대에게는 큰 것일 수도 있다. 모든 사람들이 슈퍼맨이고 제갈공명인 건 아니다.

사람은 작은 돌에 걸려 넘어지지 바위에 걸려 넘어지지 않는다.

말 잘하는 사람들의 3가지 비법

우리는 사소한 데 삐치고 서운해하지 큰일을 당하면 스스로 마음을 크게 먹기 때문에 삐칠 일도 없다.

나폴레옹은 "정말 행복했던 시간은 6일 밖에 안 된다"고 했고 헬렌 켈러는 "행복하지 않았던 날은 하루도 없었다"고 했다.

이 두 사람의 행복에 대한 극명한 차이는 행복에 대한 기준이 다른 데서 생긴 것이다. 나폴레옹은 전쟁을 승리로 이끌어야 행복하다고 생각했고 헬렌 켈러는 사소한 일상에서 행복을 느끼고 누렸다.

인생에서 대단한 것은 자주 오지 않지만 사소한 일상은 파도처럼 수없이 밀려온다.

나는 가끔 두 눈이 멀쩡한 친구들에게 그들이 보는 게 무엇인지 알아보는 실험을 해봅니다. 얼마 전, 친한 친구를 만났는데 그 친구는 마침 숲속을 오랫동안 산책하고 돌아온 참이었습니다. 나는 무엇을 보았느냐고 물었습니다.

"별거 없어."

내가 그런 대답에 익숙하지 않았다면 절대 그럴 리가 없다고 생각했겠지만, 나는 이미 오래 전부터 눈이 멀쩡한 사람들도 실제로는 보는 게 별로 없다는 사실을 잘 알고 있답니다.

어떻게 한 시간 동안이나 숲속을 거닐면서도 눈에 띄는 것을 하나도 보지 못할 수가 있을까요? 나는 앞을 볼 수 없기에 다만 촉감만으로 흥미로운 일들을 수백 가지나 찾아낼 수 있는데 말입니다. (…)

때로 내 마음은 이 모든 것을 보고 싶은 열망으로 가득해집니다. 그저 만져보는 것만으로도 이렇게나 큰 기쁨을 얻을 수 있는데, 눈으로 직접 보면 얼마나 더 아름다울까! 그런데도 볼 수 있는 눈을 가진 사람들은 그 아름다움을 거의 보지 못하더군요. 세상을 가득 채운 색채와 율동의 파노라마를 그저 당연한 것으로 여기면서 자신이 가진 것에 감사할 줄 모르고 갖지 못한 것만 갈망하는 그런 존재가 아마 인간일 겁니다.

— 헬렌 켈러의 자서전 중에서

칭찬도 마찬가지다. 상대가 대단한 일을 했을 때에만 칭찬을 한다면 일생 동안 몇 번 하지 못할 것이다. 하지만 사소한 일상에서도 상대에게 칭찬할 것을 찾으려고 하는 사람은 수없이 찾을 수 있다.

예쁜 것을 예쁘다고 하고, 잘하는 것을 잘한다고 말하는 것은 평범한 칭찬이지 좋은 칭찬은 아니다. 그것은 누구나 할 수 있는 일이다. 좋은 칭찬은 사소한 것을 크게 볼 줄 알고 표현하는 능력이다.

남들과 달리
구체적으로
칭찬하기

 사랑을 하는 데 기술이 필요하듯이 칭찬도 배워야 하는 기술이다. 평범한 사람에게 어떻게 자신의 존재감을 느끼게 할 것인가?

우선, 구체적으로 칭찬해보라.

사람들은 남을 비판할 때는 논리정연하고 단호한 태도로 말하지만 남을 칭찬할 때는 두루뭉술하게 한다. 비난할 때도 분명한 이유가 있듯이 칭찬할 때도 구체적인 이유가 있어야 한다.

칭찬은 그냥 "좋아요" 또는 "참 잘했어요" 라고 하는 것보다 좀 더 구체적인 내용을 말하면 효과가 더 커진다.

공자가 진나라의 정치가 자찬에 대해 칭찬할 때도 구체적이었다.

"자찬은 군자의 네 가지 미덕을 다 갖추었다. 그는 행동함에 있어 예의 바르고, 윗사람을 섬김에 있어 엄격히 의식을 지키고, 또한 백성을 다룸에 있어서는 친절하고, 그들에게 노력을 부과함에 있어서는 공정하였다."

'산소탱크' '두 개의 심장'과 같은 별명을 가진 박지성 선수는 호날두보다 빠르지 않고 메시보다 슛이 날카롭지 않다. 그러나 소속팀인 맨유의 퍼커슨 감독은 "박지성 선수는 다른 선수가 공을 갖고 있을 때 자신이 있어야 할 가장 적합한 최적의 장소에 항상 있는 선수"라고 칭찬했다.

이런 칭찬은 상당히 구체적이다. '선수로서 감독의 지시에 따라 지정된 자리가 아닌 상황에 맞는 최적의 자리를 알고 그 자리에서 자신의 역할을 다 하는 선수'라고 표현한 것은 감독으로서 선수에게 할 수 있는 최고의 칭찬이다.

사람들은 독특한 것을 좋아한다. 내가 상대방에게 독특한 존재로 보여지고 있는지 궁금한 것과 마찬가지로, 상대방을 칭찬할 때는 독특한 부분을 구체적으로 칭찬해야 효과가 있다.

어떤 통신사의 카피처럼 상대에게 그냥 "잘생겼다~"라고 말하는 것보다 "넌 눈이 참 맑고 웃는 모습이 예뻐" "몸매가 완벽한데 얼굴까지 예뻐!"라고 말해준다면 당신은 10점 만점에 10점이다.

연인들은 서로 사랑하고 있는 줄 알면서도 계속 확인하고 싶어한다. 그래서 "왜 날 사랑해?" "나의 어떤 점을 사랑하는 거야?"라고 집요하게 묻는다.

그런 질문에는 구체적인 말을 듣고 싶다는 뜻이 숨어 있다. 이럴 때는 먼저 외모에 대해 표현하고 그 다음에 내적인 매력을 이야기하면 된다.

"처음에는 네가 밝게 웃는 모습에 마음이 끌렸지만, 시간이 지나면서 자신에게 당당한 모습에 더욱 끌리게 됐지. 네가 바로 내가 찾던 사람이야."

이렇게 외모에서 시작해서 내면으로 가면서 구체적으로 언급하는 것이 좋은 칭찬이다.

작은 칭찬이라도
타이밍이 중요하다

 칭찬에도 타이밍이 중요하다. 칭찬해야 할 때를 놓치지 않고 하는 것이 중요하다. 상대의 칭찬 받을 만한 행동에 대해서는 타이밍을 놓치지 않고 즉시 칭찬하는 것이 효과적이다. 칭찬의 타이밍이 한 템포 늦어지면 칭찬의 의도가 변질될 가능성도 있고 칭찬의 효과도 떨어진다.

아내가 특별한 음식을 내놓으면 첫술을 들자마자 바로 칭찬하라. 아내가 "버섯전골 맛이 어때요?" 라고 물은 후에 대답하면 이미 늦다. 묻기 전에 칭찬하라. 부부 사이에는 이심전심도 있지만 그전에 감정표현이 있어야 한다.

칭찬이 필요할 때 칭찬하지 못하면 상대방은 알지 못한다. 느낌으로만 아는 것은 음식을 보기만 하고 먹지 않는 것과 같다.

애인이나 배우자가 새 옷을 입으면 묻기 전에 칭찬하라. 이렇게 말해준다면 누구나 기뻐할 것이다.

"오늘 원피스를 입은 모습이 아름답네. 원피스는 몸매가 안 되면 못 입는데 당신은 정말 잘 어울려."

아내가 "뭐 달라진 것 없나요?"라고 물으면 당신은 이미 타이밍을 놓친 것이다. 아내는 대부분 새 옷을 입거나 미용실에 갔다 오면 남편에게 칭찬받고 싶어 한다. 그런 질문을 하면 타이밍은 놓쳤지만 당황하지 말고 변화를 빨리 알아차려야 한다.

대부분 "헤어스타일이 달라졌네. 전보다 예쁘고 젊게 보인다"라고 하면 정답이다. 여자들이 가장 많이 신경 쓰는 것은 헤어스타일이다.

부부간에 칭찬을 하면 인생이 행복해진다. 가장 소중한 사람에게 적기에 칭찬을 하는 것은 사랑의 모닥불에 마른 장작을 몇 개 더 얹는 것과 같다. 작은 칭찬이라도 타이밍이 좋으면 효과는 배가 된다.

"당신 멋있어졌어!"

"당신 요즘 많이 예뻐졌어!"

"당신이 만든 음식을 먹다가 다른 음식을 먹으면 맛이 없어 못 먹겠어!"

"나는 아무리 생각해도 참 장가를 잘 갔어!"

"나는 늘 장모님이 고마워! 당신을 이렇게 예쁘게 키워서 나 같은 사람에게 보내주셔서!"

당신만을 위한
맞춤형 칭찬

여러 사람에게 같은 칭찬을 반복하지 마라. 이는 영업성 짙은 단체문자를 받는 것과 같다. 같은 말을 여러 사람에게 반복하면 당신의 칭찬을 대수롭지 않게 여길 뿐만 아니라 어느 한 사람의 사랑도 받지 못한다. 그러면 상대방은 습관적으로 칭찬하는 것으로 생각한다. 사람마다 얼굴이 다르고 성격이 다르고 특징이 다른데 같은 칭찬을 하는 것은 친절하지 못한 행동이다.

공자는 같은 것을 가르쳐도 배우는 사람의 성격이나 생각에 맞춰 맞춤형 교육을 하였다.

예를 들면 인(仁) 대해 설명할 때 유창하게 말을 잘하는 제자에게는 '말을 어눌하게 하는 것'이라고 가르쳤고, 또 다른 사람과 함께 일을 할 때 힘든 일은 피하고 자신의 이익만을 추구하는 제자에게는 '어려움을 먼저 생각하고 이익은 나중에 생각하는 것'이라고 가르쳤다. 공자가 생각하는 '인'은 '사람과의 관계를 서로 조화롭게 만들어주는 자세나 태도'이지만 사람에 따라 구체적으로 실천하는 방법을 다르게 설명한 것이다.

각각 다른 사람에게 같은 칭찬을 하는 것은 성의 없는 칭찬으로 느껴질 수 있으므로 상대방을 잘 관찰하고 그 사람에게만 할 수 있는 칭찬을 해야 한다.

사람에 따라 듣고 싶은 말이 다르다. 멋진 헤어스타일을 칭찬받고 싶어 하는 사람이 있는가 하면 지성을 칭찬받고 싶어 하는 사람이 있다. 명품가방을 자랑하고 싶은 사람이 있는가 하면 가방보다는 그 속에 있는 책에 자부심을 가지고 있는 사람이 있다. 그리고 반지를 자랑하고 싶은 사람이 있고, 반지 낀 손으로 만든 자신의 작품을 자랑하고 싶은 사람도 있다.

노래를 잘하는 사람에게는 '노래를 잘하는 사람이 정말 부럽다'고 말하고, 춤을 잘 추는 사람에게는 '춤이 우리의 삶을 얼마나 신나게 하는가'에 대해 이야기하라. 그림을 잘 그리는 사람에게는 '노래를 잘하는 바보는 있어도 그림을 잘 그리는 바보는 없다'고 말하고, 악기를 잘 다루는 사람에게는 '우리의 삶에서 악기를 다룰 수 있는 것이 얼마나 중요한가'에 대해 이야기하라.

제가 듣고 싶어 하는 칭찬을 해주세요. 제발..

" That's maybe the best compliment of my life "

결과보다
노력을 칭찬하라

 상대가 좋은 성과를 냈다면 타고난 재능이 아닌 노력에 대해 칭찬해주어라. 아이가 수학시험에서 100점을 맞았다면 "넌 수학에 천부적인 재능이 있어!" 하고 평범하게 칭찬해주기 보다는 "수학을 힘들어하더니 정말 노력을 많이 했구나"라고 칭찬해주는 것이 훨씬 효과적이다. "거봐! 하니까 잘하잖아!"라는 말도 공부의지를 불태워주는 칭찬이 아니라 맥 빠지게 하는 부정적인 칭찬이다. 재능은 부모로부터 타고나는 것이지만 노력은 본인의 의지에서 나오는 것이다.

눈에 보이는 하나가 있기까지 눈에 보이지 않는 아홉이 있다. 하지만 보통 사람들에게는 아홉이 보이지 않는다. 열심히 노력하더라도 항상 눈에 보이는 성과가 나오는 것은 아니다.

산행에서의 즐거움은 과정에 있는 것이지 정상에서만 느끼는 게 아니다. 산에 오르는 사람이 정상에서만 즐거움을 느낀다면 기쁨은 짧고 고통은 길 것이다. 상대방이 좋은 결과를 낼 때만 칭찬을 하는 것은 산 정상에서만 즐거움을 누리는 것과 같다. 일등은 노력의 결과로 오는 것이다.

특별히 잘하지는 못하더라도 한 가지를 꾸준하게 하는 사람에게는 성실성과 끈기를 칭찬하라. 아무리 쉬운 것이라도 꾸준히 한다는 것은 결코 쉬운 일이 아니다. 일기를 연속해서 3년 이상 쓰는 사람이나, 아침에 일찍 일어나는 습관을 가진 사람에게는 "당신은 무엇을 해도 성공할 수 있는 사람" 이라고 칭찬하라.

재능이나 지능을 칭찬하는 것은 노력에 대한 칭찬보다 동기와 성과를 약화시킨다는 실험 결과가 있다.

스탠포드 대학의 사회심리학자 캐롤드웩 교수는 다음과 같은 흥미로운 실험을 했다.

뉴욕의 초등학교 5학년 학생들을 대상으로 A, B 두 그룹으로 나누어 상당히 쉬운 문제로 구성된 시험을 보게 했다.

아이들이 문제를 다 푼 후에는 점수와 함께 칭찬 한마디를 덧붙여서 돌려주었다.

A 그룹은 "너 참 애썼구나" 하며 노력에 대한 칭찬을 했고,

B 그룹은 "너 참 똑똑하구나" 하며 지능에 대한 칭찬을 했다.

그리고 아이들은 두 번째 시험을 치렀다. 이번에는 어려운 시험과 쉬운 시험 중에서 고를 수 있는 선택권을 주었다.

여기서 A그룹은 90%가 어려운 시험을 선택했고, B그룹은 대부분 쉬운 시험을 선택했다.

멍청해 보일지 모를 위험을 피하기 위해서였다.

세 번째 시험은 똑같이 다 어려웠다. 잘 본 아이가 하나도 없었다.

그런데 아이들의 반응은 완전히 달랐다. A그룹은 어려운 문제를 반겼고 굉장히 깊이 있게 몰두했고 심지어 몇몇 아이들은 그 문제를 풀기도 했다. 그렇지만 B그룹은 낙담하고 실망했다. 그러고 나서 다시 처음과 똑같은 난이도의 시험을 보게 했다.

A그룹은 처음 점수보다 30% 향상되었지만 B그룹은 20% 하락하였다.

이 시험을 6번 반복하는 동안 매번 결과는 같았다.

— SBS 스페셜 보도자료

공개적으로 할 것인가
살짝 할 것인가

칭찬을 할 때에는 은밀하게 하는 게 효과적일 수도 있고, 공개적으로 하는 게 더 효과적일 수도 있다. 일반적으로는 한 사람의 박수보다 여러 사람의 박수가 더 즐겁다. 그러나 공개적으로 칭찬할 때는 칭찬받지 못하는 다른 사람의 마음도 헤아릴 줄 알아야 한다. 비슷한 성과를 올린 사람이 있으면 그냥 지나치지 않는 것이 좋다.

다른 사람이 시기할 정도로 지나치게 칭찬하는 것은 피해야 한다. 지나친 칭찬을 받은 사람은 칭찬받지 못한 다른 사람들에게 미움을 받을 수도 있다. 게다가 여자에게 공개적으로 칭찬할 때는 주의가 필요하다. 다른 여자들의 질투심을 유발하여 역효과가 날 수도 있다. 특히 칭찬받는 사람의 경쟁자가 있는 곳에서는 피하라.

UCLA 농구팀을 이끌며 88연승이라는 대기록을 수립한 존 우든 감독은 승리 비결에 대해 이렇게 명쾌하게 말했다.

"최고의 성과를 거둔 사람을 굳이 공개적으로 칭찬할 필요는 없다. 그런 사람은 다른 사람이 없는 자리에서 칭찬하는 것이 더 좋다. 다른 사람의 시기와 질투를 피하면서 슈퍼스타에 걸맞는 칭찬을 해줄 수 있기 때문이다. 반대로 비교적 덜 중요한 역할을 맡은 사람은 공개적으로 칭찬하는 편이 더 효과가 크다."

미세한 차이에
주의하라

 같은 사실이라도 어떻게 표현하느냐에 따라 완전히 달라진다. "아 다르고 어 다르다"는 말도 있다. 같은 사실을 말하더라도 상대의 기분을 상하게 할 수도 있고 좋게 할 수도 있다. 관점을 어디에 두고 어떻게 말하느냐에 따라 의미가 완전히 달라지는 것이다.

어느 날, 왕이 자신의 이가 모조리 빠지는 꿈을 꾸었다. 한 해몽가가 왕의 꿈 이야기를 듣고 이렇게 풀이했다.

"흉조입니다. 전하의 가족들이 한 분씩 전하보다 먼저 세상을 뜰 것입니다."

이 말을 들은 왕의 안색이 어두워졌다.

말 잘하는 사람들의 3가지 비법

이때 다른 해몽가가 앞으로 나섰다.

"정말 좋은 징조입니다. 전하께서 가족들 가운데 가장 오래 사신다는 뜻입니다."

왕은 크게 기뻐하며 그에게 상금을 내렸다.

두 해몽가의 말은 결국 같은 뜻이다.

같은 말이라도 상대에 따라 칭찬이 될 수도 있고 욕이 될 수도 있다. '당신은 화장을 하나 안 하나 똑같다'는 말이 바로 그런 예다. 예쁜 사람에게는 칭찬이 될 수 있지만 못난 사람에게는 아무리 화장을 해도 예쁘지 않다는 말로 들릴 수도 있다.

중년에게 '귀엽다'는 말은 좋은 칭찬이 될 수도 있지만 조롱으로 받아들여질 수도 있다. 이 말은 예쁘지는 않지만 끌리는 매력이 있고 순진함을 간직한 사람에게 할 수 있는 말이다. 하지만 이런 말을 듣고 자신을 놀린다고 생각하며 화를 내는 사람도 있다. 그 말은 어린아이한테 하는 말이라고 생각하기 때문이다.

칭찬은 아랫사람이 윗사람에게 할 수도 있는 것이다. 그러나 이때 과잉 칭찬이나 섣부른 칭찬은 버릇없다는 느낌을 줄 수도 있으므로 주의해야 한다. 상사에 대한 칭찬은 이중성을 띠고 있다. 같은 상황이라도 사람에 따라 다른 반응을 보일 수도 있고, 같은 사람이라도 자신의 기분에 따라 반응이 달라질 수도 있으니 상황에 맞는 균

형감각이 필요하다. 부하에게 칭찬받고 좋아하는 사람도 있겠지만 자기 일을 평가할 자격이 없는 사람으로부터 칭찬을 받는다는 사실에 불쾌감을 느끼는 사람도 있다.

이러한 미세한 차이는 조사 하나에 담겨 있기도 하다. 조사 하나가 문장 전체의 뜻을 바꾸기 때문이다. 김훈은《칼의 노래》의 첫 문장을 쓰는데 무척 힘들었다고 한다.

그는 "버려진 섬마다 꽃은 피었다"와 "버려진 섬마다 꽃이 피었다" 사이에서 일주일이나 고심했다. 조사 한 글자에 그만큼 의미가 달라지기 때문이다. '꽃은 피었다'는 감정의 개입을 내포하고, '꽃이 피었다'는 사실의 세계만을 진술한 언어다. 최종적으로 '꽃이 피었다'로 썼다.

나는 칭찬이라고 말했는데 상대는 비난으로 받아들이는 경우도 있다. 다음과 같이 말이다.

"오늘은 예쁘게 보이네요." (다른 날은??)

"말씀은 잘 하시네요." (말만? 다른 건??)

"몸매는 날씬하네요." (몸매만? 얼굴은 아니라는 뜻??)

"생각보다 잘생겼네요." (얼마나 못생겼다고 생각했길래??)

"노력보다는 정말 운이 좋았던 것 같아요." (노력했는데…)

가끔 가벼운 비판도
섞어서

칭찬이 좋다고 해서 칭찬일색으로 나가면 진정성 이 줄어든다. 잘된 점은 칭찬하고 잘못된 점은 적 절한 말로 지적하는 것이 진정한 칭찬이다.

장점을 부각시키기 위해 사소한 약점 하나를 드러내는 방법이 있 다. 이는 무대 위의 주인공을 더욱 빛나게 하기 위해 주변을 약간 어 둡게 하는 것과 같은 이치다.

상대를 칭찬할 때는 좋은 점을 다 나열하는 것보다는 크게 무리 가 없는 범위 내에서 좋지 않은 면도 살짝 언급하라. 정말 약점은 건 드리지 않고 상대가 인정할 만한 약점을 살짝 건드려 예스맨이 아 니라는 인상을 주는 것이다.

칭찬을 잘하는 사람은 무조건 칭찬하지 않는다. 고수들은 의도적으로 적절한 비판을 한다. 갈증이 난 사람에게 물바가지에 버들잎을 띄워서 주는 여인의 마음과 같다.

예스맨이 하는 칭찬과 때로는 합리적인 비판을 하는 사람에게서 듣는 칭찬은 질적으로 다르다. 한 가지 거짓을 믿게 만들려면 아홉 가지는 진실을 얘기해야 하며 아홉 가지의 칭찬이 효과적인 것이 되게 하려면 한 가지 정도는 지적을 하는 것이 좋다.

두 가지 예를 보며 어떤 식의 칭찬이 더 와 닿는지 보라.

"너는 얼굴도 예쁘고 성격도 활발하고 기품이 넘치며 매력적이야. 너는 다 좋아."

"너는 섬세한 성격은 아니지만 사귈수록 사랑스럽고 재치도 있으면서 배려심이 많은 것 같아."

후배 두 사람이 내가 집필한 중년의 사랑에 대한 책을 선물 받고 읽은 후 소감을 말했다. 한 사람은 칭찬 일색이었고, 다른 한 사람은 칭찬과 함께 적절한 비판을 섞었다. 누구의 소감이 좋은 인상을 남길까?

첫 번째 후배의 칭찬이다.

"선배님! 책 잘 읽었습니다. 이 책에 완전 빠졌어요. 처음부터 끝까지 군더더기가 없어 단번에 다 읽었습니다. 선배님은 문학에 천부적인 소질을 타고 난 것 같습니다. 이 책은 분명히 베스트셀러가 될 겁니다. 그리고 이런 것은 영화로 만들어도 좋을 것 같아요. 완

예스맨이 하는 칭찬은 솔직히 귀에 안 들어오는데,
당신이 해주는 칭찬은 진정성이 있어 보여요..

당신은 키가 작지만 탁월한 안목을 가졌군요.

전 대박 예감입니다."

두 번째 후배는 이렇게 소감을 말했다.

"누구나 한 번쯤 꿈꾸는 중년의 일탈에 대하여 진지하게 생각해 보았습니다. 군더더기가 없어 중간까지는 빠른 호흡으로 박진감 있게 전개가 되었지만 후반부로 갈수록 갈등이 약해지면서 흥미가 떨어지는 것 같았습니다. 끝부분에서 한 번 더 갈등을 넣었다면 더욱 좋았을 거라는 생각이 들었습니다. 전체적으로 사랑에 대한 철학과 유머 넘치는 표현이 많아 책을 읽는 동안 즐거웠습니다. 선배님의 다음 작품이 기대됩니다."

칭찬할 것은 칭찬하면서 부족한 부분은 상대의 기분을 다치지 않게 건전한 비판을 한 후 마지막에는 다시 칭찬하여 전체적으로 상대가 존재감을 느끼게 하는 후자가 더 진솔하게 느껴진다.

다양한 표현과
감탄사 사용

노래에 '18번'이라는 것이 있다. 불렀다 하면 '네 박자'라면 식상하다. 단벌신사를 좋아하는 사람은 없다. 칭찬도 마찬가지다. 사람들은 새로운 것을 좋아한다.

칭찬의 내용은 상대에 따라 달라지지만 칭찬하는 사람에 의해 창조되는 것이다. 칭찬거리가 객관적으로 존재하는 것이 아니라 칭찬하는 사람의 시각과 해석에 의해 창조되는 것이라면 잘 표현할 수 있는 능력이 중요하다.

방황하는 젊은이에게 "방황해도 괜찮아"라는 말보다는 "방황을 해봐야 방향을 정할 수가 있다"는 말이 훨씬 힘이 될 수 있는 것처럼 칭찬도 어떻게 표현하느냐에 따라 달라진다.

평범한 표현으로는 부족하다. 같은 사실이라도 다양하게 표현하면 특별한 의미가 된다. "아름답다, 예쁘다, 매력 있다"는 기본적인 칭찬이다. 멋진 여자를 만나면 다음과 같이 더욱 다양한 표현을 해보라.

"나중에 내 딸이 당신과 같은 여자가 되었으면 좋겠어요."

"내 아들이 당신 같은 여자와 결혼했으면 좋겠어요."

"누가 데려갈지 모르지만 참 복 받은 남자에요."

"세상 남자들은 다 눈이 삐었나 봐요. 당신 같은 사람을 혼자 두는 것을 보니….."

가장 확실한 칭찬은 감탄하는 것이다. 칭찬을 하는데 구구절절 긴 말보다 감탄사 하나면 충분하다. 상대의 특별한 매력에 감탄을 하라. 사랑은 감탄과 함께 시작되고 감탄이 끝나는 순간부터 식는다. 감동이 없는 삶에는 생명력이 없다.

상대가 어떤 주제에 대해 자신 있게 말하면 "와! 정말 대단합니다"라고 칭찬해보라.

상대가 신나게 이야기할 때 감탄사를 보내는 것만 해도 효과가 크다. 상대가 노래를 잘하거나 멋진 말을 할 때 감탄하라. 아내가 샤워를 하고 나올 때 감탄사를 넣어보라. 기적과 같은 일이 일어날 수도 있다. 몸매가 좋은 여자라면 더욱 몸매를 좋게 가꾸기 위해 노력할 것이고, 몸매가 보통이라면 자신의 몸매를 가꾸기 위해 다이

어트를 하거나 헬스클럽에 나갈 것이다. 반면 몸매가 '꽝'인 사람에게는 역효과가 나기 때문에 사용해서는 안 된다.

감탄은 받는 사람도 좋지만 하는 사람이 더 행복하다. 감탄을 할 때는 엔돌핀보다 4,000배나 강한 다이돌핀이 분비된다고 한다. 우리가 영화를 보고 음악회에 가고 스포츠를 관람하는 것도 힘들여 높은 산에 올라가는 것도 모두 극적인 순간의 감동을 느끼기 위해서다.

그런데 우리는 살아가면서 점점 감동을 잃어가고 있다. 해외여행을 가보면 여자가 남자보다 왜 오래 사는지 그 이유를 알 수 있다. 여자들은 좋은 경치나 새로운 것을 보면 수시로 감탄을 많이 하는데 남자들은 사실 뭘 봐도 무덤덤하다. 나이가 들수록 이런 경향은 더욱 두드러진다. 쇼핑을 가더라도 여자들은 이것저것 만져보며 감탄하는데 남자들은 한 바퀴 휙 둘러보고 버스에 올라타서 멍하게 쇼핑하는 그녀들을 기다리며 짜증을 낸다. 그러다 보니 주어진 쇼핑시간이 여자들에게는 부족하고 남자들에게는 남아돈다.

어른이 되면서 가장 먼저 잃어가는 것이 감탄이다. 상대의 외모, 성격 혹은 능력에 대한 감탄이 없으면 사랑의 감정은 결코 일어나지 않는다. 최근에 감탄한 일이 언제인지 금방 기억해낼 수 없다면 인생을 재미없고 건조하게 살고 있다는 증거다.

감탄이 없는 삶은 타성에 젖은 삶이다.

상대의 칭찬을
잘 받아들여라

칭찬이 좋다는 것은 알고 있지만 칭찬은 사실 하는 것도 받는 것도 어색하다. 칭찬은 상대방에게 보내는 마음의 선물이다. 칭찬을 잘하는 것도 중요하지만 감사하게 받아들이는 것도 중요하다. 기쁜 마음으로 선물을 받아주는 사람에게 다시 선물하고 싶듯, 칭찬도 고맙게 받아들이는 사람에게 또 칭찬해주고 싶은 마음이 생긴다.

상대가 칭찬을 해 오면 선물을 받는다고 생각하고 고맙게 받아들여라. 주는 사랑도 받지 못하는 사람은 타인을 사랑할 수 없다.

칭찬을 해주면 어떤 사람은 당황해하거나 아주 어색해한다. 겸손한 것도 좋지만 칭찬받았을 때는 흔쾌히 받아들이는 것이 칭찬해준 사람에 대한 예의다.

상대가 칭찬을 해줄 때는 선물을 받는 것처럼 기뻐해보라. 지나치게 겸손해하면 오히려 오만하게 보일 수도 있다.

영화 〈이보다 더 좋을 순 없다〉를 보면 좋은 칭찬과 칭찬을 받아들이는 명대사가 나온다.

여자 주인공이 '나를 칭찬하는 말을 해달라'고 부탁했을 때 남자 주인공 잭 니콜슨이 이렇게 말한다.

"당신은 내가 더 좋은 남자가 되고 싶게 해요(You make me want to be a better man)."

여자의 대답도 멋있다.

"지금껏 들어본 최고의 칭찬이지 싶어요(That's maybe the best compliment of my life)."

멋지게 칭찬하고 멋지게 받아들여라. 상대의 칭찬을 잘 받아들이는 것도 상대에 대한 찬사의 표시다. 칭찬이란 상대의 좋은 점이나 훌륭한 일을 높이 평가하는 것뿐만 아니라 상대의 호의를 잘 받아들여 감사하는 마음을 표현하는 것도 포함된다.

소심한 사람들은 칭찬을 하는 것도 두렵다. 수영을 못하는 사람이 물을 두려워하듯이 칭찬의 기술이 없으면 칭찬하는 것이 두렵다. 칭찬에는 기술뿐만 아니라 작은 용기도 필요하다. 남에게 칭찬을 하려다가도 소위 낯간지러워서 못하겠다는 이들이 있다. 칭찬을 자신 있게 하지 못하는 사람들은 상대의 반응을 너무 의식하는 경향이 있다.

'내가 칭찬을 하면 다른 사람이 어떤 반응을 보일까?'

'괜히 분위기가 썰렁해지는 것은 아닐까?'

'혹시 상대방의 반응이 안 좋으면 어떡하지?'

칭찬을 어렵게 생각할 필요 없다. 상대의 장점이나 좋은 행동을 찾아 표현하면 당신이 어떤 말을 하더라도 상대는 좋게 받아들일 것이다. 길게 구체적으로 말하기 어려우면 단순하고 짧게 표현하라. 진심어린 칭찬은 표현이 서툴러도 마음이 전달된다.

미사여구를 잔뜩 늘어놓는 것보다 좋은 느낌을 있는 그대로 솔직하게 말해주는 것이 좋다. 칭찬으로 인해 상대가 행복해진다면 나도 따라 행복해진다.

나 스스로를
칭찬해주기

칭찬을 잘하는 사람들은 자존감이 높다. '자존심' 이 높은 사람은 타인을 의식하지만 '자존감' 이 높은 사람은 타인의 시선이나 평가에 연연해하지 않는다. '자존감' 이 높은 사람은 '자존심' 을 내세우려고 하지 않는다. 그것은 자존심이 없어서가 아니라 스스로 내세울 필요가 없기 때문이다.

사람들은 다른 사람의 칭찬에는 목말라하면서도 자신에게는 칭찬하지 못한다. 자기 자신을 칭찬하는 것을 부끄러워하고 겸손하지 못한 일이라고 생각한다. 오히려 자신을 힐책하기 쉽다. 나를 사랑할 줄 아는 사람이 다른 사람도 사랑할 수 있듯이 스스로 존중하지 않는 사람은 다른 사람도 존중할 수 없다.

다른 사람을 칭찬하는 것도 중요하지만 스스로를 칭찬하는 것이 더 중요하다. 스스로 칭찬할 수 없는 사람은 다른 사람을 칭찬할 수 없다.

2008년 베이징 올림픽 남자유도(-60kg) 결승전에서 최민호는 오스트리아의 루드비히 파이셔 선수를 상대로 2분 14초만에 들어메치기로 멋진 한판승을 거두었다. 최민호 선수의 우승도 값진 것이었지만 그보다 더 값진 것은 아름다운 패자의 모습이었다. 파이셔는 감격에 겨워 매트에 꿇어앉아 두 손을 맞잡고 울고 있는 최민호 선수를 일으켜 진심어린 축하를 건넸고 시상식에서도 최민호의 팔을 들어주었다.

파이셔는 "유도를 해 오면서 그렇게 완패한 적은 없었다. 결승에서 최민호가 구사한 기술은 환상적이었다. 승자는 언제든 바뀐다. 이번 대회에서는 최민호가 최고였다. 완벽한 챔피언에게 축하를 해주고 싶었다"고 말했다.

세계 랭킹 1위였던 선수가 승자에게 보낼 수 있는 최고의 칭찬이었다. 시상대에서도 그는 시종 웃는 표정이었다. 한 판으로 아깝게 지고 난 선수로서 감히 하기 힘든 행동이었다. 온전한 자신감이 없었다면 승자에게 기꺼이 축하해주지 못했을 것이다. 그는 마음속으로 '오늘은 내가 아깝게 졌지만 다음 올림픽에서는 내가 승자가 될 것이다'라고 다짐했을 것이다. 금메달을 따지 못한 것을 자책하는 것이 아니라 은메달을 딴 것을 기뻐하였다. 그는 자신의 패배를 인

남이 나를 어떻게 보고 있는지보다
내가 나를 어떻게 보는지가 더 중요하잖아요.

있잖아 .. 난 정말 예쁜것 같아。
나는 충분히 사랑스러워。
나는 정말 너무 예뻐。

정하되 은메달을 딴 자신을 칭찬했다. 그래서 시상대에서 우승자의 손을 들어주고 자신도 환하게 웃을 수 있었다.

칭찬은 타인에 대한 사랑의 표현이다. 내가 나 자신을 사랑하고 자신이 있으면 남에게 칭찬을 하는 것도 쉽다.

칭찬은 자존심으로 하는 것이 아니라 자존감으로 하는 것이다.

"거울 속에 비친 나의 모습은 나를 바라보는 신의 표정"이라는 말이 있다. 타인이 나를 어떻게 볼 것인가를 생각하지 말고 나 스스로 나를 어떻게 볼 것인가에 집중하라.

말 잘하는 사람들의 3가지 비법

3
아부

소통하는 힘

직장인이
가장 싫어하는 사람은
아부하는 사람?

 우리는 유머와 칭찬은 긍정적으로 평가하면서도
'아부'에 대해서는 부정적인 시각을 갖고 있다. 그
러나 칭찬을 하다 보면 사실 아부와 구분하기 어려울 때가 많다.

칭찬과 아부의 경계가 확실하지 않다면 아부로 보일까 두려워 칭
찬하는 것을 꺼릴 필요가 없다. 오히려 아부에 대한 선입관을 바꿔
필요한 경우에 적절하게 사용하는 게 더 낫다.

'직장인이 가장 싫어하는 사람이 아부하는 사람'이라는 통계가
있다. 한 헤드헌팅 업체에서 직장인 남녀 1,027명을 대상으로 설문
조사를 한 결과, 응답자의 33.5%가 같이 일하기 싫은 동료로 '상사
에게 지나치게 아부하는 사람'을 꼽았다. 그러나 직장에서 아부가
필요하다고 생각하는 사람 또한 3분의 2정도가 된다고 한다. 아부

의 필요성은 인정하지만 다른 사람이 아부하는 것을 곱게 봐주지 못하는 것이다. '내가 하면 로맨스, 남이 하면 불륜'이란 말처럼 아부는 내가 하면 능력이지만 남이 하면 꼴불견이다.

살아가면서 아부가 필요하다는 것을 느끼는 사람은 많지만 자신이 선뜻 아부를 하고 싶다고 생각하는 사람은 많지 않다. 아부에 대한 부정적인 생각이 강하기 때문이기도 하지만 아부를 어떻게 해야 되는지 모르기 때문이다.

요즘은 유머 잘하는 사람이 환영받는 시대지만 과거에는 '싱거운 사람' 또는 '가벼운 사람'이라며 유머를 즐겨 하는 사람에 대한 평가가 곱지만은 않았다.

아부도 마찬가지다. 필요는 하지만 해서는 안 되는 것으로 여겨져 오다가 요즘 들어 부정적인 이미지에서 인간관계를 부드럽게 해주는 긍정적인 이미지로 조금씩 변하고 있다.

칭찬과 아부를 구분하는 기준은 진정성과 목적에 있다.

누군가에게 "당신은 정말 멋진 사람입니다"라고 했을 때 진정성이 있으면 칭찬이고, 없으면 아부가 되는 것이다. 그리고 그 목적이 상대방을 위해 좋게 말하는 것이면 칭찬이고, 상대방에게 잘 보이기 위해 좋게 말하면 아부다. 이것이 우리가 일반적으로 알고 있는 칭찬과 아부에 대한 기준이다.

그러나 이것만 가지고 칭찬과 아부를 구분하는 데에는 한계가 있다. 건성으로 하는 칭찬도 있고 진정성이 담겨 있는 아부도 있다. 상대를 위해 말하지만 실은 내 체면 때문에 하는 칭찬도 있고, 나를 위한 마음이 없이 상대와 분위기를 위한 아부도 있다.

우리가 아부를 할 만한 사람에게 해야 할 충분한 이유가 있음에도 불구하고 선뜻 하지 못하는 이유는 다른 사람의 시선을 의식하기 때문이다. 아부를 받는 사람은 아부를 싫어할 이유가 없겠지만 그것을 지켜보는 사람들의 시선은 따갑기 마련이다.

"남에게 대접을 받고자 하는 대로 너희도 남을 대접하라."

성경에 나오는 구절이다.

내가 칭찬을 받고 싶으면 다른 사람을 칭찬하고 내가 아부를 받고 싶으면 남에게 아부하는 것이 기본이다. 나는 아부를 받고 싶으면서 내가 남에게 하지는 않겠다면 이기적인 사람이다. 내가 상대에게 받고 싶은 대로 상대에게 하는 것이 인간관계의 비결이다.

아부는 상대를 치켜올려줄 만한 가치 있는 인물로 만들어주는 구체적인 행동이다. 누군가가 당신에게 아부를 한다는 것은 그가 당신을 그런 인물로 생각한다는 것이다. 그런 사람에게 당신은 무관심한 척, 싫은 척 할 수 없다.

당신에게 아부하는 사람을 욕할 수 없다면 다른 사람에게 아부하는 사람을 함부로 욕할 수 없다. 그런데 왜 칭찬은 되면서 아부는 해서는 안 된다고 생각하는가?

칭찬은 마음에 있는 말이지만 아부는 마음에 없는 말이라는 생각 때문이기도 하지만 칭찬보다 아부의 효과가 강력하다는 것을 알기 때문에 나에게 올지도 모를 상대적인 피해가 두려워 그러는 건 아닐까? 상대의 아부가 보기 싫은 것은 그 아부가 먹혀들지도 모른다는 생각이 들기 때문일지도 모른다.

사람은 누구나 다른 사람으로부터 인정받고 싶어 하는 욕망이 있고, 힘 있는 사람에게 잘 보이고 싶고 기대고 싶은 마음이 있는데 이 두 가지가 딱 맞아떨어지는 것이 아부다.

아부를 적극적으로 할 필요는 없지만 아부가 필요할 때 적절한 방법으로 상대를 기쁘게 해줄 필요는 있다. 아부를 잘하는 게 부끄러운 일도 아니며, 아부를 하지 못하거나 하지 않는 게 자랑은 아니다. 적당한 시기에 적당한 방법으로 아부를 할 수 있다면 그것은 자랑할 만한 능력이다.

아부를 못하는 사람이 다른 사람이 아부를 하는 것을 보면 "저 사람 아부한다"며 뒤에서 수군거린다. 그런 사람은 본인도 하고 싶지만 죽어도 못한다. 그래서 뒤에서 수군거리는 것이다. 아부하는 능력이 있는 사람은 상대에게 더 가깝게 다가갈 수 있다.

아부를 해야 할 상황에서 아부를 하지 않거나 못 한다고 해서 인격이 고매한 것도 아니고 자존심이 센 것도 아니다. 진정으로 자존심이 강한 사람은 아부를 해야 할 때 아부를 하는 사람이다.

아부는 칭찬과 마찬가지로 그 대상과 타이밍을 아는 게 중요하다. 아부를 적절한 사람에게 적절한 시기에 적절한 방법으로 한다면 아부 받는 사람과 아부하는 사람이 같이 행복해진다. 아부를 받는 사람은 자신이 아부를 받을 정도로 가치 있다는 사실을 느낄 수 있으며, 아부를 하는 사람은 자신이 아부할 만한 사람에게 자신의 마음을 전달했다는 마음이 들기 때문이다.

아부는 칭찬과 함께 상대의 마음을 움직이는 힘이며 배워야 할 관계의 기술이다. 나도 즐겁고 상대도 즐거울 수 있다면 도덕적으로 문제가 되지 않는 범위 내에서 그것을 하는 것이 옳다.

이제부터는 아부가 양심 있는 사람들은 해서는 안 되는 것이 아니라 그것은 특별한 칭찬이며, 유머와 같이 필요할 때 적당히 사용해야 하는 도구로 인식되어야 한다.

아부는
인간의 본성

 상하관계가 있는 곳에서는 어느 사회를 막론하고 아부가 있다. 아부를 잘해서 출세한 사람은 많지만 아부를 못하는 데도 출세한 사람은 드물다.

조직사회에서 퇴출되는 사람은 무능한 사람이기보다 리더와의 소통에 문제가 있는 사람이다. 즉, 필요한 사람에게 적절하게 아부를 하지 못하는 사람이다.

미국의 사회학자 어빙 고프만은 "만일 필요한 상황에서 아부하지 않으면 우리의 일상적 삶은 엄청난 혼란에 빠지게 될 것"이라고 했다. 우리의 고정관념과는 달리 적절한 아부야말로 인간관계를 원활하게 해주는 윤활유인 것이다. 인간은 천성적으로 칭찬에 약하다. 아부에는 더 약하다.

미국 시인 랄프 왈도 에머슨은 "아부를 싫어하는 사람은 아무도 없다. 아부란 나의 비위를 다른 사람이 맞춰야 할 정도로 내가 중요한 인물이라는 사실을 보여주기 때문"이라고 했다.

사람들은 진실보다는 자신이 보고 싶은 것만 보려 하고, 자신이 믿고 싶은 것만 믿으려 하며, 듣고 싶은 것만 들으려 한다. 사람들이 나에게 충고를 하거나 비난하는 게 싫은 이유는 그 사람의 진심을 의심해서도 아니고 그 말에 타당성이 없어서도 아니다. 나도 인정은 하면서도 단지 마음에 거슬리기 때문이다. 마찬가지로, 사람들이 나에게 아부하는 게 좋은 이유는 그 말의 진정성을 떠나 내가 듣고 싶어 하는 말이며 그 말을 믿고 싶기 때문이다.

진실이 담겨 있지 않은 말장난 같은 칭찬과 아부는 상대방에게 거부감을 줄 수 있으므로 경계해야 하지만 진심이 담긴 선의의 아부는 사회적으로 장려되어야 한다.

누군가 당신에게 진정으로 도움이 된다면 그가 공감할 수 있는 장점을 찾아 아부할 수 있어야 한다. 상대방이 듣기 싫어하는 충고를 해놓고 잘했다고 생각하는 사람이나 상대방이 듣기 좋아하는 아부도 한마디 못하면서 자신이 정의롭다고 생각하는 사람 모두 답답하긴 마찬가지다.

사람들 중에는 "나는 아부는 죽어도 못한다"고 드러내놓고 이야기하는 사람이 있다. 그런 사람은 자기 스스로 처세에 무능한 사람임을 인정하는 것이다. 이런 사람들은 대부분 아부만 못 하는 게 아니라 칭찬에도 인색한 사람들이다. 그런 사람들이 자신의 한계를 합리화하는 것이다.

맥주에는 거품이 있어야 제 맛이고 인간관계에도 약간의 아부가 있어야 관계가 원활하다. 아부도 중요한 사회생활의 경쟁력이라고 인정하고 적절하게 사용할 필요가 있다. 적당한 아부는 직장생활을 부드럽고 즐겁게 하며 서로의 마음을 열어주는 계기를 만들어준다. 무엇을 얻어내거나 힘 있는 사람의 비위를 맞춰야 할 때 아부는 효과적인 수단이 된다. 아부해서 손해보는 경우는 거의 없다.

거짓말은 쉽게 밝혀지는 경우가 많은데 반해 보통 아부는 겉으로 잘 드러나지 않는다. 그리고 아부의 경우 위험 부담이 적다. 아부 받는 당사자는 자신에게 아부하고 있다는 사실을 눈치를 채더라도 좀처럼 화를 내지 않는다. 자신에게 유리한 쪽으로 해석하기 때문에 아부 받은 사람은 오히려 고마워한다. 타인의 시선에 민감한 현대인에게 이보다 더 훌륭하게 자긍심을 높여주는 일이 또 있을까?

아부로 인해 우리 사회가 더 밝아지고, 현대인이 조금이라도 더 즐거울 수 있다면, 그것 자체로 좋은 일이다.

칭찬 vs.
선의의 아부

이 세상에 존재하는 것은 어떤 것이든 양면성이 있다. 좋은 것, 나쁜 것이 있는 게 아니라 어떻게 쓰느냐에 따라 좋은 것이 될 수도 있고 나쁜 것이 될 수도 있다.

아부와 칭찬이 크게 다르지 않다는 것을 알면 칭찬은 좋은 것, 아부는 나쁜 것이라는 이분법에서 벗어나야 한다. 거짓말에도 악의의 거짓말과 선의의 거짓말이 있듯이 아부에도 선의의 아부와 악의의 아부가 있다.

선의의 아부는 대가를 기대하지 않고 마음에 있는 말을 좀 과장하여 상대의 기분을 좋게 해주는 것이다. 악의의 아부는 처음부터 자신의 이득을 취하려는 목적으로 마음에 없는 말로 상대방을 속여 상대의 비위를 맞추는 것이다. 전자가 대가를 기대하지 않고 하는 선물이라면 후자는 대가를 바라고 하는 뇌물이라 볼 수 있다.

선의의 아부는 칭찬과 비슷한 것인데 아부로 보이는 것은 좀 과장되거나 확대되기 때문이다. 마음이 진실하다면 과장되거나 확대되더라도 본질이 변질되는 것은 아니다. 과장과 확대는 사회 어디서나 존재한다. 그것으로 인해 상대에게 피해가 가지 않고 오히려 상대를 더 즐겁고 행복하게 할 수 있다면 문제가 없다.

악의의 아부는 상대방을 유혹하여 나의 이익을 취하기 위한 행동으로 상대에게 반드시 해가 돌아가지만, 선의의 아부는 상대방을 기분 좋게 하고 분위기를 좋게 해서 인간관계를 부드럽게 하자는데 뜻이 있기 때문에 상대도 좋고 나도 좋은 것이다.

따라서 아부를 부정적으로만 볼 게 아니라 아부의 실체를 알고 인정할 것과 경계해야 할 것을 구분할 수 있는 지혜가 필요하다.

선의의 아부는 유머나 칭찬처럼 적절하게 하고 악의의 아부는 경계하고 잘 다스려야 한다. 만약 우리가 선의의 아부가 칭찬과 다르지 않다는 것을 받아들일 수만 있다면 일상에서의 칭찬은 훨씬 많아질 것이다.

자, 그럼 이제부터 선의의 아부에는 어떤 것이 있는지 살펴보기로 하자.

친목도모용
아부

친목도모용 아부란 좋은 분위기를 만들기 위해 상대방에게 좋은 말을 하는 것이다. 진정성이 반드시 필요한 것은 아니지만 상대가 공감할 수 없다면 효과는 적을 수밖에 없다.

이런 아부는 상대방에게 잘 보여서 승진을 하겠다거나 내 이익을 취하려는 의도에서 하는 아부가 아니다. 그저 화기애애한 분위기를 조성하고 상대방을 즐겁게 해주어 관계를 부드럽게 하는 것이 목적이다. 이런 아부는 상대를 유혹해서 어떻게 해보려는 것도 아니고 있는 사실을 조금 포장하여 좋게 말함으로써 듣는 사람도 기분 좋고, 하는 사람도 기분 좋게 만드는 것이다.

1960년대에 유명했던 영화 〈누구를 위하여 종은 울리나〉에서 미모의 여주인공 잉그리드 버그만에 관한 이야기다.

미국 LA의 헐리우드가에 살고 있는 한 젊은 변호사 부인이 영화배우 잉

그리드 버그만과 친구 사이였다. 버그만이 세금 문제로 친구 남편인 변

호사에게 상담을 하러 친구와 함께 갔다.

상담을 마치고 그녀들이 나가고 난 다음에 변호사가 사환에게 물었다.

"여보게, 죠오지! 방금 나간 그 부인이 누군지 아나?"

"누군데요?"

"잉그리드 버그만이야."

"그래요? 두 분 중, 어느 쪽이 버그만인가요?"

그 말을 듣고 물끄러미 사환의 두 눈동자를 쳐다보던 변호사는 사환에

게 팁으로 1달러를 주며 칭찬했다.

"죠오지, 자네 1달러 벌었네. 이걸 갖게나. 자네는 장차 훌륭한 부자로

성공할 수 있을걸세."

LA, 그것도 헐리우드에 살고 있는 사환이 잉그리드 버그만을 모

를 리가 없었으나 변호사의 부인도 버그만처럼 예뻐서 분간하기 힘

들다는 그 사환의 은근한 아부에 변호사의 기분이 좋았을 것은 당

연한 일이다.

친선도모용 아부는 어디에서나 할 수 있다.

처갓집에 가면 이렇게 장모님에게 가끔씩 아부해보라.

"저는 집사람을 보고 결혼한 것이 아니라 장모님을 보고 결혼했습니다."

"다시 태어나도 장모님의 사위가 되고 싶습니다."

이런 표현은 많이 할수록 좋다. 한번 하면 약효가 오래 간다.

다음에 할 때는 표현방법을 바꾸어보는 것도 좋다.

"다시 태어나면 장모님같은 사람에게 프로포즈하고 싶습니다."

이런 말을 듣고 쓰러지지 않을 사람이 없다. 장모에게 이런 접대성 아부를 할 정도라면 아내에게도 충분히 아부할 수 있는 사람이다.

"당신은 내가 찾아낸 최고의 보석이야."

"천국이 있더라도 당신과 있는 것보다 행복하지 않을 거야."

"당신이 다른 사람과 결혼을 했다면 배아파 죽었을 거야."

이런 아부는 부부의 정을 더욱 깊게 한다.

당신이 여성이라면 시아버지께 이렇게 아부해보라.

"아범이 멋있는 것은 알고 보니 아버님을 닮았군요."

"아버님도 젊었을 때는 여자들을 많이 울리셨겠어요."

누구나 나쁜 말보다 좋은 말을 듣고 싶어 한다. 그것을 안다면 좋은 말도 많은데 굳이 상대방이 듣기 싫어하는 말을 할 필요가 없다.

상대의 외모에 대해 말할 때는 좋은 것은 부풀려서 말하고 나쁜 것은 줄여서 말하라.

누구가가 당신에게 "몇 살로 보이느냐?"고 묻거든 생각보다 대여섯 살 정도 낮추어 말하라. 때로는 그 이상 낮추어도 문제 없다. 상대가 그렇게 묻는 것은 정확한 나이를 말해달라는 게 아니다. 자신이 나이에 비해 얼마나 젊게 보이는가를 확인하고 싶은 것이다.

아부를 해야 하는 순간에 아부를 하지 않으면 상대에게 상처를 줄 수도 있다. 미술전시회에 가서는 그림솜씨를, 출판기념회에 가서는 글솜씨를 칭찬하라. 결혼식에 가서는 신랑 신부에게 최대의 찬사를 보내라. 신랑에게는 "남자답게 잘생겼다"고 말하고, 신부에게는 "천사처럼 예쁘다"고 말하라. 그날은 아무리 과한 표현을 사용해도 지나치지 않다. 돌잔치에 가서는 "아이가 정말 잘생겼다"고 말하라. 만약 아이가 잘생기지 않았으면 "튼튼하게 생겼다"고 말하고, 튼튼하지도 않으면 "재주 많게 생겼다"고 말하라. 어떤 찬사의 말을 하더라도 아이의 부모에게는 진실한 말로 받아들여진다.

화기애애한 분위기를 위해서 접대성 멘트를 하는 것은 장려되어야 한다. 현대인들은 과거보다 더 자신에 대한 타인의 태도에 민감하게 반응하며 살아가고 있다. 그런데 타인을 인정하고 좋게 말해주는 사람은 점점 줄어들고 있다. 여기에 많은 사람들이 실망을 하기도 한다. 심한 사람은 우울증에 걸리기도 한다. 이런 때일수록 상대를 즐겁게 하고 관계를 부드럽게 하는 친선도모용 아부가 필요하다.

상대의 말을 인정해야 할 때가 있고 부정해야 할 때가 있다.

40대 아내가 거울 속 자신의 모습을 보며 남편에게 말했다.

"여보! 나도 이젠 나이가 들었나 봐요. 아랫배도 나오고 얼굴에 주름도 많아진 것 같아요."

이런 경우 아내의 말에 동의하면 안 된다. 아내가 이렇게 말할 때는 인정해달라는 말이 아니다.

"세월이 가면 어쩔 수 없지. 당신인들 세월을 비켜갈 수 있겠어?"

아내는 이런 말을 듣고 싶은 게 아니다. 아내는 남편의 입에서 강한 부정의 말을 듣고 싶은 것이다. 아내가 듣고 싶은 말은 이런 말일 것이다.

"당신은 아직 30대 초반으로 보여. 아직도 피부가 팽팽하잖아. 지금도 밖에 나가면 아가씨라고 할 걸!"

여자가 가장 거짓말을 많이 하는 것은 몸무게와 나이라고 한다. 체중과 나이에 대한 컴플렉스가 있는 여자들이 많기 때문이다. 여자들에게 체중이나 나이에 대해서는 언급하지 않는 것이 가장 좋고 만약 한다면 실제보다 적게 이야기하라.

상대방의 질문 속에 답이 있기 마련이다.

"몇 살로 보여요?"는 "10년쯤 젊게 보이나요?"로 들으면 되고, 중년의 아내가 말하는 "아랫배가 좀 나왔지요?"는 "애를 둘이나 낳은 여자가 이 정도면 괜찮지요?"라고 보면 된다. 나이 든 사람에게 어려보인다고 말하면 빈말인 줄 알면서도 좋아하기 마련이다.

어느 전설적인 세일즈맨의 세일즈 비법이다.

벨을 눌렀을 때 안에서 나이든 여성이 나오면 이 남자는 곧바로 질문한다.

"어머니는 안 계세요?"

효과는 즉시 나타났다. 자신을 아직 어린 딸로 봐준 데 대한 감동이 충동구매로 이어진 것이다.

중년의 아줌마가 아기와 함께 있으면 손자인지 막내인지 애매할 때가 있다. 그럴 때 손자라고 단정지어 말하면 안 된다. 늦둥이 막내아들을 보고 손자냐고 묻는 것은 큰 실례지만 손자를 막내아들로 보는 것은 문제가 되지 않는다. 오히려 젊게 봐준 데 대해 고마움을 느낄 것이다.

어머?
내가 좀 젊어보이긴 하지!!

어머니는 안계세요?

생계형 아부

생계형 아부는 고객을 대하거나 상사를 대할 때 하는 행동이다. 상대를 위해서 하는 말이기는 하지만 내가 받을 이익을 어느 정도 생각하면서 행동을 하는 것이다.

고객에게 "옷이 잘 어울립니다" 또는 "정말 멋져요"라고 말하거나 상사에게 "일처리가 탁월하십니다"는 말을 하여 상대의 기분을 좋게 한다. 상대는 기분은 좋지만 가려서 들을 줄 안다.

고객이나 윗사람에게 잘 보이려고 노력하는 것은 나무가 태양을 향하여 가지를 뻗는 것처럼 당연하다. 그것을 비굴하다거나 꼼수를 부린다고 표현하는 것은 유치한 발상이다. 직장에서 상사에게 아부하는 게 정말 나쁜 일인가 한번 생각해봐야 한다.

데이트를 할 때 상대의 환심을 사기 위해 얼마나 많은 아부를 했는가 생각해보라. 직장생활도 마찬가지다.

상사에게 싹싹하지도 않고 무덤덤한 부하직원이 있다면 직장예절이 없거나 상사에게 불만을 가진 사람으로 인식될 것이다. 다행히 그 사람이 꼭 필요한 사람이라면 모르겠지만 그렇지 않다면 불이익을 당하게 될 게 뻔하다.

상사를 존경까지는 하지 않더라도 좋은 관계를 유지하는 것은 아랫사람으로서 당연한 도리다. 상사가 그 자리까지 올라갔을 때는 뭔가가 있었을 것이다. 상사는 회사의 힘과 권위를 등에 업고 있는 사람이다. 직장은 성인군자들이 모여 일하는 곳이 아니라 조직의 이익을 위해서 사람들이 모여 일하는 곳이다. 인격을 갖춘 사람들을 찾으려면 직장이 아니라 종교단체로 가는 게 빠를 것이다. 상사는 성인군자가 아니다. 상사에게 호감을 표시하고 기분을 좋게 하기 위해 적절하게 표현, 즉 선의의 아부를 적절하게 할 수 있어야 한다. 비슷한 수준의 외모를 가진 여자라면 애교 있는 여자가 더 예쁘게 보이는 것처럼, 비슷한 능력을 가진 부하라면 무뚝뚝한 사람보다 가끔 아부하는 사람이 더 예쁘게 보이는 게 인지상정이다.

강한 자에게 숙이는 것은 자존심이 상할 문제가 아니다. 태풍이 불 때 고개를 숙이는 풀은 꺾이지 않지만 꼿꼿이 서 있는 나무는 꺾이거나 뿌리가 뽑힌다. 강한 자에게 숙이지 못하는 것이 쓸데없는 자존심이다.

어느 사회에서든 강한 사람과 친하게 지내는 것처럼 현명한 생존 전략은 없다. 상사에게 적당히 아부를 하는 것이 상사의 비위를 맞추지 못하거나 상사가 무엇을 원하는지 조차 모르는 것보다는 훨씬 좋은 일이다. 상대에게 무슨 말을 해주어야 할지 모르는 사람은 미련한 사람이고, 상대에게 무슨 말을 해주면 좋아할지 알면서도 하지 못하는 사람은 용기가 부족한 사람이다.

직장에서 가장 중요한 고객은 상사다. 직장에서 상사를 만족시킬 줄 모르는 사람은 까다로운 수많은 외부고객을 만족시키기 어렵다. 상사를 너무 가까이 하는 것도, 너무 멀리 하는 것도 위험하다. 상사의 기분이 좋을 때는 허물없는 게 장점이 될 수도 있지만 상사의 마음은 언제 어떻게 바뀔지 모른다. 상사에 대해서는 약간 과대평가를 하는 게 낫다. 상사를 과대평가하다 잘못 되면 약간 실망하는 걸로 그치지만, 과소평가하다 잘못 되면 안고 있던 시한폭탄이 터지는 것과 같다.

상사가 어떤 식으로든 극복해야 할 존재라면 나의 관점을 바꾸는 수밖에 없다. 보통은 감정이 행동을 만들어내지만, 때로 행동이 감정을 만들어내기도 한다. 좋아하던 사람도 일부러 미워하는 척하면 실제로 미워지고, 좋은 감정이 없던 사람도 좋아하는 척하면 실제 좋은 감정이 생긴다. 이유가 있어서 아부를 하는 게 아니라 아부를 하면 아부를 할 만한 이유가 생긴다.

말 잘하는 사람들의 3가지 비법

상사에게 잘 보이기 위한 무조건적인 아부보다 상황과 타이밍을 고려한 적절한 아부가 상사와의 관계 개선이나, 분위기에도 도움이 될 것이다. 고객을 대하는 사람은 고객을 만족시키는 것이 의무다.

한 이발사가 수습 기간 3개월을 마친 제자를 출근시켰다. 제자가 첫 번째 손님의 머리 손질을 마치자 손님이 거울을 보면서 말했다.

"머리카락이 너무 길군요."

제자가 아무 말도 못하고 당황해하고 있는데 한쪽에 서 있던 이발사가 말했다.

"약간 긴 머리는 무게감이 있어 보이지요. 중후한 느낌이 손님과 딱 어울립니다."

손님은 그 말에 만족하며 돌아갔다.

제자가 두 번째 손님을 이발했다. 손님은 거울에 머리를 비춰보더니 아쉬워했다.

"너무 짧은 것 같아요."

"짧고 단정한 머리는 진실하고 소박하면서도 힘 있어 보이지요. 그리고 사람들에게 친근감을 준답니다."

이 말을 들은 손님은 기분 좋게 인사하며 나갔다.

세 번째 손님은 이발을 마치고 돈을 지불하며 말했다.

"너무 시간을 끌었네요."

제자는 이번에도 아무 말도 못하고 묵묵히 있는데 이발사가 웃으며 말했다.

"머리를 위해 시간을 들이는 것은 중요한 일이랍니다."

손님은 기분좋게 돈을 지불했다.

제자의 네 번째 손님이 돈을 꺼내며 말했다.

"20분 만에 쓱싹 해치우셨네요."

제자가 어쩔 줄 몰라 서 있자 이발사가 말했다.

"지금은 시간이 돈입니다. 최상의 기술이라면 속전속결이지요. 손님에게 시간과 돈을 벌어드렸는데 좋지 않으세요?"

손님도 웃으며 인사하고 문을 나섰다.

고객은 자신이 좀 더 배려받고 싶은데 그것이 충족되지 않을 때 불만을 갖는다. 고객은 자신이 존중받고 있다는 느낌이 들 때 만족해한다. 고객은 그런 느낌이 들어야 지갑을 기분 좋게 연다.

고객의 지갑을 열기 위해서는 고객의 마음을 먼저 열어야 한다. 고객의 마음을 여는 가장 좋은 방법은 고객에게 이익이 되는 점을 보여주는 것이다. 고객을 존중하고 즐겁게 하는 것도 마찬가지다.

선의의
거짓말

사람들이 거짓말을 하는 이유는 자신이 저지른 일에 대한 불리한 결과나 책임을 회피하고 자신의 현재 상황보다 더 좋게 보여서 남들에게 이익을 취하고 자신을 보호하기 위해서다. 그러나 내 이익이 아닌 상대를 위해 어쩔 수 없이 거짓말을 하는 것이 더 나은 경우가 있다. 이때 하는 말을 선의의 거짓말이라고 한다.

살다보면 마음에 있는 말을 하지 못할 때가 있고 마음에 없는 말을 해야 될 때도 있다. 그것이 나를 위한 것이 아니라 상대와 분위기를 위한 것이라면 적절하게 해보라.

상대를 위한 애정이 깃들인 거짓말을 나쁘다고 볼 수는 없다. 때로는 악의 없는 거짓이 진실보다 나을 수도 있다.

; 아부

사실대로 느끼는 대로 다 말하는 것만이 진실은 아니다. 진심도 좋지만 어느 정도의 립 서비스도 필요하다. 정말 못난 사람에게 못났다고 하면 마음에 상처를 받고 좌절감으로 인생을 망칠 수도 있다. 그러므로 진실이라도 타인의 마음을 상하게 하는 말은 하지 않는 것이 좋다.

세상에서 가장 큰 거짓말쟁이는 "난 지금껏 거짓말을 모르고 살아왔다"는 사람이다. 우리는 초등학교 때 '늑대와 양치기 소년'의 이야기를 읽으며 '거짓말은 나쁜 것'이라고 배웠고, "조지 워싱턴이 아버지가 아끼던 나무를 도끼로 찍은 후 자기가 그랬다고 정직하게 말해서 큰 사람이 되었다"는 등의 위인들의 이야기를 들으며 '거짓말은 절대로 해서는 안 되는 것'이란 강박관념 속에서 살아 왔다. 하지만 지금 우리사회는 적절하게 거짓말을 하지 않으면 제대로 살아가기 어려울 정도가 되었다.

진실이란 이름으로 아무런 여과 없이 말한다면 인간관계가 깨질 수도 있다. 진실을 말하면 상처를 입을 수밖에 없을 때, 상대방을 위해 거짓말을 하기도 한다.

평소 껄끄러운 상사가 밥이나 같이 먹자는데 "특별한 약속은 없지만 당신하고 밥 먹는 건 싫다"고 대답할 수는 없다. 그리고 정성 들여 만든 찌개의 맛을 물어보는 아내에게 "맛이 없다"고 대답할 수는 없다. 상대에 대한 배려가 우선이 된 선의의 거짓말은 사회생활을 하는 데 있어 윤활유 역할을 해준다.

우리는 때로는 친구의 기분을 맞추기 위해 마음에도 없는 말을 하고, 연인이나 배우자와의 관계를 지키기 위해 진심을 숨기기도 한다. 이렇듯 우리는 선의의 거짓말을 통해 인간관계를 원활하게 유지함으로써 사랑과 행복을 지킨다.

거짓말을 하는 게 좋은 일은 아니지만 가끔은 상대방에게 선의의 거짓말이 필요할 때가 있다. 상대방은 그것이 빈말이라는 것을 알고는 있지만 들으면 기분이 좋아진다.

행동은 약속할 수 있어도 감정은 약속할 수 없는 게 사람 일이다. "평생 당신만 사랑할거야" 라는 선의의 거짓말을 해야 할 때가 있다. 더 나아가 "다시 태어나도 당신만을 사랑할거야!" 라고 말할 때도 있다.

부부나 연인 사이에 아무런 거짓도 없이 솔직할 수 있는 관계가 가장 바람직하겠지만 삶은 이상이 아니라 현실이다. 연인 사이에서도 서로를 위해 때론 선의의 거짓말이 필요하다. 과거의 연인에 대해서는 묻지도 말고 말하지도 말라. 전혀 없었다고 말하기 곤란하면 제일 시시한 스토리 하나 이야기하고 더 이상은 이야기하지 말라. 그런 것을 묻는 사람이 나쁜 사람이다. 상대가 거짓말을 하도록 만들기 때문이다. 그런 질문을 하는 사람은 한심한 사람이고 그런 질문에 솔직하게 대답하는 사람은 멍청한 사람이다.

화장 안 한 얼굴이 어떠냐고 물으면 '다른 사람처럼 보인다'고 솔직하게 대답하지 마라. 그 대신 '자연스럽고 청순하게 보인다'고 대답하라.

상대방이 솔직함을 요구하더라도 절대 넘어가지 마라. 상대방은 자신이 듣고 싶은 말을 원하지 진실을 원하지 않는다.

철학교수이자 신학자인 댈러스 윌러드는 "성장한다는 것은 우리의 영혼을 얼굴과 눈과 말 뒤에 감추는 방법을 배우는 것이다"라고 말했다. 어린 아이들은 자신을 감추는 방법을 모르기 때문에 순수하다. 막스 뮐러의 《독일인의 사랑》에 나오는 말처럼 타인이 존재한다는 것을 아는 순간 더 이상 어린이가 아닌 것이다. 진실 그 차체보다는 상대에게 상처를 주지 않는 것이 좋을 때는 그렇게 하는 것이 더 진실된 행동이다.

솔직함이 빛을 발하지만 끝까지 발뺌을 해야만 하는 때도 있다. 사람들은 때로는 진심을 부담스러워 하고 진실을 이야기하는 사람을 환영하지 않는다.

사람들은 오히려 진실을 말하는 것을 두려워하기도 한다. 상대의 거짓말에는 실망 정도로 끝날 수도 있지만 진실로 인한 상처는 그것이 진실이기 때문에 상처가 더 크다.

소통하려면 적당히 꾸민 가면을 써야 한다. 사회생활을 하다 보면

때로는 불편한 진실보다
선의의 거짓말이 더 좋아요.

이 거짓말쟁이 마녀(魔女)야!!

싫어도 좋은 척해야 할 때도 있고 하기 싫어도 해야 할 때가 있다.

연인끼리 자주 하는 선의의 거짓말에는 이런 것도 있다.

"이 세상에서 당신이 가장 소중한 사람이야."

"당신이 세상에서 가장 아름다워!"

"당신은 갈수록 멋져!"

오 헨리의 단편소설 《마지막 잎새》를 보면, 꺼져가는 한 생명을 살리기 위해 거짓말을 하는 감동적인 이야기가 나온다.

뉴욕의 가난한 마을에 사는 화가 지망생 존시는 폐렴에 걸려 나날이 병세가 악화되어 삶을 포기하고 창밖 담쟁이의 마지막 잎새가 떨어질 때 자신도 함께 죽게 될 거라고 말한다.

친구 '수'는 그녀의 살려는 의지를 돋워주기 위해 온갖 노력을 하지만 소용이 없다.

그들의 아래층에 사는 화가 베이먼 노인은 필생의 걸작을 꿈꿔 보지만 싸구려 광고물이나 그리며 근근이 살아간다.

밤새도록 사나운 비바람이 불던 다음 날 아침 '수'가 창문을 열어보니 벽돌 담장에 담쟁이 잎새 하나가 그대로 붙어 있다.

이틀째 마지막 잎새가 여전히 붙어 있자 존시는 생명을 포기하려던 마음을 고쳐먹고 살려는 의지를 가진다. 의사가 존시의 완쾌를 알려주던 날, '수'는 존시에게 그 마지막 잎새는 베이먼 노인이 비바람 몰아치던 밤 마지막 잎새가 떨어진 것을 보고 담장에 그려 놓은 것이었으며, 노인은 그날 밤 얻은 폐렴으로 죽었다고 말해준다.

결국 늙은 예술가는 필생의 소원이었던 걸작을 남기고 떠났다.

탈무드를 보면, 다음의 두 가지 경우에는 거짓말을 해도 된다고 나와 있다.

첫째, 누가 이미 물건을 산 다음에 의견을 묻거든 설사 그것이 좋지 않은 물건이라도 좋은 것이라고 거짓말을 하라.

둘째, 친구가 결혼을 했을 때에는 반드시 "정말 미인이군. 행복하게 살게"라고 거짓말을 하라.

만약 늘 진실해야만 한다면 정신적으로 고단한 삶을 살게 될 것이다. 그래서 때로는 선의의 거짓말이 필요하다. 예를 들면 친구가 새 옷을 입고 와서 "이 옷 어때?"라고 묻는데, 느껴지는 대로 솔직하게 말한답시고 "별로 예쁘지도 않고 너한테 잘 어울리지도 않아"라고 말해준다면 그 친구의 기분은 어떨까? 둘 사이에 좋은 친구관계가 유지될까?

기왕에 지나간 일인데 진실을 말해서 상대를 아프게 하고 속상하게 하는 것보다는 적당한 작은 거짓말로 상대방의 기분을 좋게 하는 것도 지혜로운 행동이다.

필요할 때 상대가 원하는 말도 한마디 해주지 못하는 사람이 어게 다른 사람과 원만하게 관계를 유지할 수 있겠는가?

상대에게 진실하게 대하라. 그러나 그 진실로 인해서 상대방에게 상처를 주게 된다면 때론 거짓말을 해보라.

선의의 거짓말은 음식의 조미료처럼 잘만 활용하면 우리의 삶을 풍부하게 만들어주기도 한다. 하지만 아무리 상대를 위해서 하는 선의의 거짓말이라도 너무 과하게 한다면 상대가 알아차리고 진정성이 없다고 생각할 수 있으니 적당하게 해야 할 것이다.

거짓말을 하려면 자신이 한 말을 모두 기억하고 있어야 한다. 그렇지 않으면 은연중에 자신의 거짓말이 탄로가 난다.

지금까지, 선의의 아부에 대하여 알아보았다.

다음에는 경계해야 할 악의의 아부에 대해 알아보기로 하자.

출세지향형 아부

 자신의 이익을 위해서라면 마음에도 없으면서 덮어놓고 좋은 말을 하여 상대방을 기쁘게 해주려는 사람이 있다. 바로 출세지향형 아부를 잘하는 사람이다. 이것이 자신의 출세와 안위를 위해서는 필요하지만 진정성도 없고 다른 사람들에게 피해를 주는 말이라면 경계해야 할 악의의 아부다.

생계형 아부를 선의의 아부로 분류하고 출세지향형 아부를 악의의 아부로 분류한 것은 목적과 스케일이 다르기 때문이다.

전자는 자신의 생존이 달려있으며 잘못되더라도 다른 사람들에게 피해를 주지 않지만, 후자는 생존의 차원이 아닌 자신의 출세를 위한 것으로, 잘못되었을 경우 리더의 판단력을 흐리게 하여 다른 사람들에게 미치는 영향이 크다.

박근혜 대통령 정부의 초대 보건복지부 진영 장관은 업무보고를 할 때 다음과 같이 말했다.

"대통령님께 장관으로서 업무보고를 드리게 된 데 대하여 표현할 수 없는 가슴 벅찬 감동을 느낍니다. 저를 포함해 복지부 전 직원은 대통령님의 국정철학 아래 반드시 대선 공약을 실천해 국민행복시대를 여는 데 앞장서겠습니다."

이 정도는 봐줄 만하다. 듣는 사람의 비위를 맞추기 위한 것일 뿐 다른 사람들에게 나쁜 결과가 돌아가는 것은 아니다. 하지만 지도자는 자신의 언행이 국민전체에 미치는 영향이 크기 때문에 그들의 말과 행동이 정도에서 크게 벗어나는 것을 경계해야 한다.

1975년 박정희 대통령의 연두순시 때 업무보고를 하기 전에 당시 문교부 장관은 다음과 같이 아부를 했다. 그때는 유신헌법으로 대학생들이 한창 데모를 할 때였다.

"각하! 일부 몰지각한 학생들의 학원소요로 각하께 심려를 끼치게 된 것을 송구스럽게 생각합니다. 사람이 늙어지면 도로 젊어질 수 없으나 국가와 민족은 다시금 젊어질 수 있습니다. 그런데 우리 민족은 지금 젊어가고 있습니다. 국가와 민족은 영명강직한 지도자 아래 충직한 교육이 있으면 젊어집니다. 둔마(鈍馬)와 같은 소직은 충성을 다하겠사오니 더욱 변함없이 채찍으로 계도해주시기를 복망합니다."

이 정도가 되면 자신의 안위를 위한 행동이 국가원수의 눈과 귀

말 잘하는 사람들의 3가지 비법

를 멀게 하고, 그 결과 국가전체에 나쁜 결과를 미칠 수 있다는 점에서 악의의 아부라고 할 수 있다. 더욱 심한 아부를 해 두고두고 입에 오르내리는 정치인들도 있었다.

1956년 이승만 대통령 시절의 내무부 장관이 국무회의시 대통령이 방귀를 뀌자 바로 옆에서 "각하! 시원하시겠습니다" 라고 한 것은 우리나라 정치사에서 최고의 아부로 알려져 있다. 그렇게 아부를 한 결과, 자신은 장관의 자리에 오래 머물렀지만 이승만 정권은 서서히 부패하기 시작하여 4.19혁명을 초래, 수많은 사람이 희생되었고 결국 이승만 정권의 붕괴를 가져왔다. 노태우 대통령 시절 한 여당간부는 "현재 지구상에서 구시대 개혁을 가장 잘하고 있는 지도자는 노 대통령님과 소련의 고르바초프 대통령" 이라고 말했다.

김대중 대통령 시절 어느 장관은 느닷없이 기자회견을 열고 "경제위기 속에서 대통령께서 이룩한 지난 1년의 업적은 과거정권이 10년간 한 것보다 많고 불가능도 극복한 인고의 역사" 라고 아부했다.

김문수는 경기도지사 시절 이명박 대통령에 대해 "도시계획과 건축분야에서 세계 1위" 라고 치켜세웠고 "이승만, 박정희, 세종대왕, 정조대왕을 다 합쳐도 반만년 역사에서 최고의 역량을 가졌다" 고 했다. 이런 아부는 개인에게 출세의 길을 열어주지만 지도자의 눈과 귀를 막아 결국 많은 사람들을 불행하게 만들기 때문에 악의의 아부로 보는 것이다.

사기형 아부

악의적인 거짓말을 포함하고 있으며, 자신의 이익을 위해 상대방의 관심과 호감을 사지만 결국에는 상대에게 해를 끼치는 아부가 있다. 바로 '사기형 아부'라고 할 수 있다.

이런 악의의 아부는 상대의 잘못을 잘했다고 부추겨서 더 큰 죄를 짓게 하거나 입이 닳도록 상대를 칭찬하면서도 한편으로는 상대의 힘을 이용하거나 득을 보려는 음모가 숨어 있다.

이런 아부를 경계하는 교훈적인 우화도 많다.

숲 속의 이른 아침을 꾀꼬리가 아름다운 노래로 깨웠다.

둥지 안에 있던 까마귀도 그 소리를 들었다.

'노래 참 잘하네. 나도 연습하면 저렇게 잘 부를 수 있겠지?'

까마귀도 걸터앉아 노래를 부르기 시작했다.

잠을 자던 부엉이와 참새가 깜짝 놀라 물었다.

"까마귀야, 왜 시끄럽게 소리를 지르고 그래?"

"응! 노래 연습 하는 거야."

"뭐라고? 네가 노래 연습을 한다고? 안 돼! 시끄러우니까 그만 해."

까마귀는 아랑곳하지 않고 더 큰 소리로 노래를 했다.

그러자 모두들 날아가 버렸다.

그때 아래에서 박수소리가 들려왔다.

까마귀가 내려다보니 근처 동굴에 사는 여우였다.

"와! 너 정말 노래를 잘 부르는구나. 그런데 네가 너무 멀리 앉아 있

어서 잘 안 들려. 이리 가까이 와서 노래해주지 않을래?"

"가까이? 그러다가 나 잡아먹으려 그러지? 싫어!"

그러자 여우가 울먹이면서 말했다.

"나는 그저 네 노래가 좋아서 그럴 뿐인데 너는 나를 싫어하는구나.

섭섭하다."

아무도 자신의 노래를 칭찬해주지 않았는데 자신의 노래를 좋아하는

여우를 보고 까마귀는 마음이 흔들렸다.

"좋아! 딱 한 번이다."

까마귀는 여우 옆에서 노래를 부르기 위해 나무 아래로 내려왔다.

그러자 그때 여우가 갑자기 까마귀의 목을 덥석 잡아버렸다.

"여우야! 갑자기 왜 이러는 거야?"

"어휴! 아침부터 시끄러워 죽는 줄 알았네. 넌 내 아침식사다."

여우는 까마귀의 목을 졸라 죽였다.

역사에 길이 남을 정도의 악의의 아부가 있다. 이것은 왕에게 아부하여 자신의 이익을 취하고 결국에는 왕을 죽게 만든 사건이다.

춘추시대 제나라의 환공은 역아라는 자가 요리를 잘한다는 말을 듣고 그를 불러 이런 농담을 던졌다.

"과인이 이 세상의 맛있는 요리라면 먹어보지 않은 것이 없는데 단 한 가지 사람고기는 못 먹어보았다. 사람고기의 맛은 어떤가?"

환공은 별 뜻 없이 한 말인데 역아는 그냥 넘기지 않았다. 집으로 돌아온 역아는 환공의 환심을 사기 위해 세 살 난 자기 아들을 죽여 요리로 만들어서 환공에게 갖다 바쳤다. 처음에 환공은 역아의 이런 행위에 마음이 언짢았지만 절대 충성을 다하는 역아의 모습에 감격하여 명재상 관중을 대신해 나라를 다스리도록 했다.

관중이 죽을병에 걸리자 마음이 급해진 환공은 "각별히 유의해야 할 점을 말해달라"고 부탁한다. 관중은 "아들을 삶아 바친 역아와 스스로를 거세한 수조를 특히 조심하라"는 유언을 남긴다. 왕을 위한다는 명분하에 끔찍한 일도 불사하는 이들은 근본이 악할 수

말 잘하는 사람들의 3가지 비법

그 진짜 같은 거짓말,
정말인가요!

네가, 처음이에요 ..

있고, 결국 나라를 위험에 처하게 할 것이라는 예언이었다. 그러나 환공은 관중의 조언을 듣지 않았다. 결국 환공은 수조와 역아에게 갇혀 굶어 죽고 두 달 만에 시체로 발견된다.

목적을 가지고 접근하는 지나친 아부는 필히 경계해야 한다. 상대를 해치고 자신의 이익을 취하는 것이기 때문에 아부 중에서도 경계해야 할 악의의 아부다.

물론, 선의와 악의의 구분이 명확하지 않은 경우도 있다.

인도의 영적인 스승 오쇼 라즈니쉬는 말했다.

"못생긴 여자에게 '당신은 참 아름답군요'라고 말해보라. 그러면 그녀는 '아니에요. 그런 당치도 않는 소리 집어 치워요! 난 정말 못생겼고 흉해요'라고 말하지는 않는다. 만일 당신이 그처럼 못생긴 여자에게 세상에서 가장 아름다운 여자라고 말한다면 그녀는 그 말을 받아들일 것이며 '아니에요. 속이지 말아요'라고 하지는 않을 것이다. 일단 그 여자가 그 말을 받아들이기만 하면 그 여자는 속게 되며 이제 그 말을 한 사람은 그녀를 아름답게 만든 유일한 사람이기 때문이다. 당신은 그녀를 아름답게 본 유일한 거울이다. 다른 모든 거울은 그녀가 못생겼다고 말했었다. 이제 그녀는 당신을 놓칠 수 없을 것이다. 그녀는 당신에게 집착하며 당신을 위해 하녀가 되고 노예가 될 것이다. 그녀는 당신을 놓칠 수 없다."

못생긴 여자에게 '아름답다'고 말하는 게 마음에 걸리면 '매력 있다'는 말로 바꾸어 말하면 된다.

누구나 약간의 열등감을 가지고 있다. 못생긴 사람들은 열등감으로 가득 차 있다. 그런 사람들에게 지속적으로 좋은 점을 이야기하여 열등감을 해소시켜 주면 상대는 아름답게 변하며 자신을 아름답게 만들어준 사람의 영향에서 벗어나기 힘들다.

다른 사람이 찾지 못하는 상대의 장점을 찾아 더욱 아름다운 사람으로 성장하게 하면 선의의 아부가 되지만 감언이설과 교언영색으로 상대를 내 영향력 아래 들게 하여 지속적으로 조정하려 한다면 그것은 악의의 아부가 된다.

다음은 《사기(史記)》의 〈손자·오기열전〉에 전해지는 얘기다.

중국 전국시대의 전략가 오기는 위나라 장군으로, 오기의 병사 중 종기가 난 자가 있었다. 오기는 병사를 위해 고름을 입으로 빨아냈다. 병사의 어머니가 그 소식을 듣고 통곡했다.

어떤 사람이 "그대의 아들은 졸병에 지나지 않는데 장군이 친히 그 고름을 빨아주었소. 그런데 어찌 그토록 슬피 우시오?"라고 하자, 그 어머니는 이렇게 말했다.

"그렇지 않습니다. 예전에 오기가 그 애 아버지의 종기를 빨아준 적이 있었는데 그이는 감격해서 물러설 줄 모르고 용감히 싸우다가 적에게 죽임을 당하고 말았습니다. 오공이 지금 또 내 자식의 종기를 빨아주었다니 난 이제 그 애가 어디서 죽게 될지 모르게 되었습니다. 그래서 통곡하는 것입니다."

이것은 오기의 뛰어난 리더십과 부하를 사랑하는 마음으로 볼 수도 있지만 자신에 대한 충성심을 갖게 하는 고도의 계산된 행동으로 볼 수도 있다. 상대를 위한 행동이기는 하지만 최종적으로 자신의 이익을 도모하기 위한 것일 수도 있다.

지금까지 아부의 종류에 대해 살펴보면서, 악의의 아부는 경계해야겠지만 선의의 아부는 적절한 시점에 적당히 사용하면 효과가 크다는 것을 알게 되었을 것이다.

다음에는 선의의 아부를 '어떻게' 할 것인지 알아보기로 하자.

상대방의 약점을
숨겨주어라

"선비는 자기를 알아주는 사람을 위해서 죽고, 여
자는 자기를 예뻐해주는 사내를 위해서 꾸민다"는
말이 있다. 남자는 자신의 능력에 대해 좋게 말해주는 사람에게 약
하고 여자는 자신의 외모에 대해 좋게 말해주는 사람에게 약하다.

여자에게 가장 큰 아부는 "지금까지 본 사람 중 가장 아름답고 매
력적인 사람"이라는 말이며, 남자에게 가장 큰 아부는 "시대가 당
신을 원하고 있다"는 말이다. 이렇게 큰 아부는 함부로 쓰는 게 아
니다. 대부분의 아부는 일상에서의 작은 아부다. 그것은 상대에 대
한 칭찬이나 배려와 큰 차이가 없다.

그러면, 아부를 어떻게 할 것인가에 대해 알아보자.

먼저, 상대의 장점은 높이 평가하고 약점은 숨겨라.

상대의 장점이나 약점을 발견하면 장점은 높게 평가하고 약점은 숨겨주는 것이다. 아부를 잘하는 사람들은 다른 사람의 기분을 맞춰줄 줄 아는 능력을 가지고 있다. 내가 아무리 아부를 하더라도 상대가 원하는 것이 아닐 때는 효과가 없다. 자기 생각만 하고 사는 사람은 남의 비위를 알 수가 없다. 아부는 상대방에 대한 세밀한 관찰이 필요한 기술이다.

약점을 들키고 싶지 않은 것이 인간의 본능이다. 사람의 몸에 치명적인 급소가 있듯이, 우리 마음에도 누구에게나 드러내고 싶지 않은 급소라고 할 수 있는 역린이 있다. 역린을 건드리지 않는 것은 상대에 대한 배려이며 일종의 고차원적인 아부다.

사람은 칭찬은 쉽게 잊어도 모욕은 좀처럼 잊지 못한다. 지혜로운 인간관계를 맺는 비결은 상대방의 장점을 살려주고 단점을 건드리지 않는 것이다. 상대가 밝히지 않는 것은 굳이 드러내지 말고, 자랑하고 싶지만 본인 스스로 말하기 곤란해하는 것을 자연스럽게 꺼내는 사람이 사랑받을 수 있다.

약점을 발견하지 못하는 것은 우둔함이며, 약점을 알고 말하는 것은 어리석음이며, 약점을 알고도 말하지 않는 것은 지혜다. 슈베르트는 "벗이 애꾸눈이라면 나는 벗의 얼굴을 옆으로 바라볼 것이다"라고 말했다.

애꾸눈을 가진 왕을 지혜롭게 그린 왕정 화가 이야기가 있다.

왕은 유명한 화가를 불러 자기의 초상화를 그리게 했다.

첫 번째 불려온 화가는 난감했다. 애꾸눈을 그릴 수도 없고 그렇다고 온전한 눈을 가진 얼굴을 그릴 수도 없는 상황이었다. 그는 나름대로 최선을 다해 애꾸눈을 가진 모습 그대로 초상화를 그렸다. 그러자 왕은 화를 내며 그에게 벌을 내렸다. 한쪽 눈이 감겨져 있는 모습이 마음에 들지 않았기 때문이다.

다시 선발된 다른 화가는 애꾸눈 대신 온전한 눈을 그려 초상화를 바쳤다. 왕은 이번에도 화를 냈다. 본인의 얼굴에 두 눈이 멀쩡하게 그려져 있어 어색했기 때문이었다.

이 소문을 듣고 온 세 번째 화가는 오랜 숙고 끝에 기지를 발휘하여 정상적인 왕의 옆모습을 그려 바쳤다. 왕은 초상화를 보고 고개를 끄덕이며 감탄한 것은 물론이고 큰 상까지 내렸다.

왕이 화가에게 왜 옆모습을 그렸는지 묻자, 화가가 답했다.

"임금님의 가장 아름다운 모습은 미소 띤 옆모습입니다."

사람들은 겉으로는 어떤 조언을 받고 싶어 하는 것처럼 보이지만 실제로는 자신의 현재 모습으로 사랑받고 싶은 마음이 더 강하다.

중국 전국시대 위문후가 잔치를 베풀어 대신들에게 자신을 솔직하게 평가해보라고 했다.

당시 문후가 중산국의 왕을 임명하는 과정에서 공을 세운 동생이 아닌 아들을 임명한 것은 잘못이었지만 아무도 그 말을 꺼내지 못했다. 모두가 문후의 마음에 들게 말하는 중에 공숙좌의 차례가 되었다.

"임금님은 어리석은 군주입니다. 중산국의 왕에 임금님의 동생을 보내지 않고 아들을 보내셨으니 이것이 바로 어리석은 증거입니다."

공숙좌는 임금 앞에서 직언을 할 정도로 충신이었지만 막상 면전에서 자신을 비난하는 말을 들은 문후는 기분이 좋을 리 없었다. 문후가 불쾌해하자 공숙좌는 그 자리를 물러설 수밖에 없었다.

그 다음은 적황의 차례가 되었다.

"임금님은 현명한 군주입니다. 제가 듣기로 군주가 현명하면 그 신하의 말도 정직하다고 합니다. 공숙좌의 말이 정직한 것을 보면 임금님이 현명하다는 것을 알 수 있습니다."

실제로는 같은 뜻이지만 어떻게 말하느냐에 따라 결과가 완전히 달라진다.

조직생활에서 상사에게 직언을 하는 것은 필요한 일이다. 그러나 분위기를 읽어가며 해야 한다. 같은 말이라도 어떻게 하느냐에 따라 상대가 다르게 받아들인다.

대화를 함에 있어 중요한 것은 이기는 게 아니라 얻고 싶은 것을 얻어내는 것이다. 진실을 말하는 게 중요한 것이 아니라 상대가 어떻게 받아들이느냐가 중요하다.

술자리에서 허심탄회하게 이야기하더라도 상대의 감정을 다치게 하는 말은 하지 않는 것이 현명하다. 어릴 때는 순진한 것이 미덕이었지만 나이가 들어서는 더 이상 미덕이 아니다. 상사가 허심탄회하게 이야기하라고 한다고 해서 액면 그대로 받아들여서는 안 된다. 그 말은 상사가 자신을 알아달라는 말이지 급소를 건드려달라는 말이 아니다. 간혹 이런 말에 넘어가는 순진한 사람들이 있다. 승진인사에 대부분 그런 순진한 사람들의 이름은 빠져 있을 것이 분명하다.

티 내지 않고
자연스럽게

 최고의 아부는 티를 내지 않아야 한다. 아부하고 있다는 인상을 주지 않으면서 자연스럽게 아부를 할 줄 알면 아부의 고수다.

투수가 직구를 던질 때나 커브를 던질 때나 폼이 같아야 하듯이, 아부를 할 때나 진실을 말할 때나 같은 톤, 같은 표정으로 해야 한다. 접대 고스톱을 칠 때 일부러 져주고 있다는 느낌을 주면 안 되는 것처럼, 아부도 아부하고 있다는 느낌을 주지 않으면서 아부하는 것이 중요하다.

아부의 기술은 절제다. 아부는 아름다운 여자가 몸매를 보여주는 것처럼 하는 것이 좋다. 너무 가려서도 안 되고 너무 노출해서도 안 된다. 너무 심한 노출은 처음에는 흥미롭지만 오래 가지 못하고, 너무 가려진 것은 아예 흥미를 일으키지 못한다. 절제된 노출이 오랫동안 흥미를 일으킨다.

은은하게 풍겨오는 향기처럼 한 듯 안 한 듯 절제하며 자연스럽게 하는 것이 아부의 품격이자 기술이다. 하수의 아부는 옆에서 들어도 아부라는 게 금세 표가 난다. 풋과일처럼 떫은맛이 있으며 뭔가 어색하다.

도요토미 히데요시는 한때 오다 노부나가의 시종이었다.

그가 주군의 눈에 띄어 인정을 받게 된 것은 추운 겨울 가슴에 짚신을 품어 따뜻하게 만들어준 일 때문이었다.

처음에 노부나가는 짚신이 따뜻하니까 히데요시가 짚신을 엉덩이로 깔고 앉았을 것이라고 생각해서 화를 냈다. 하지만 히데요시는 혼이 나면서도 불평하지 않았다.

그 후로도 히데요시는 계속 짚신을 덥혀서 내놓았다. 결국 노부나가도 히데요시가 자기 품에 짚신을 품고 있다 내놓는다는 사실을 알게 되었고, 그 후로 히데요시에게 특별한 대우를 하여 마침내 자신의 오른팔처럼 여겼다.

이런 아부는 누가 봐도 아부하는 줄 금방 알 수 있다. 이런 노골적인 것도 통하는 게 바로 아부의 힘이다.

정말 아부를 잘하는 사람은 노골적으로 하지 않는다. 티나지 않게 하는 아부의 진수를 보여주는 사람이 있었다.

일본 전국시대의 영웅 오다 노부나가의 사랑을 한몸에 받은 '모리 란마루'라는 어린 장수의 이야기다. 아름다운 외모를 지녔을 뿐만 아니라 두뇌가 매우 명석한 그는 많은 일화를 남겼다.

노부나가가 신하들과 있는데 지방에서 귤이 올라왔다는 전갈이 왔다. 란마루가 쟁반에 수북이 귤을 담아오는 걸 보고 노부나가가 한마디했다.

"조심해라, 떨어뜨릴라."

그 말이 끝나기 무섭게 쟁반에서 귤이 굴러 떨어졌다. 좌중은 눈치채지 못했지만 그것은 란마루의 실수가 아니었다. 신하들 앞에서 주군의 염려가 얼마나 옳았나를 보여주기 위해 란마루가 일부러 떨어뜨린 것이었다.

어느 날, 노부나가가 신하들이 모인 방에 들다가 "아, 내가 바깥문을 안 닫고 들어온 모양이다"라고 했다.

란마루가 나가보니 문은 잘 닫혀 있었다. 그러나 란마루는 그냥 들어오지 않았다. 그는 문을 살그머니 열었다가 쿵 소리가 나도록 닫았다. 당시 란마루는 10대 소년이었다. 노부나가는 이런 란마루에게 6만

석에 달하는 영지를 내려주었는데, 당시 천황의 영지가 10만 석에 불
과했다는 사실을 고려한다면 굉장히 파격적인 대우였다.

1582년, 부하의 반란으로 노부나가가 자결했을 때 란마루는 장렬하
게 싸우다가 최후를 맞이했다. 그때 그의 나이 열여덟이었다.

아부하고 싶은 사람과 자신의 신분 사이에 간격이 크면 클수록
아부는 그만큼 세련되어야 한다. 섣불리 아부를 할 경우에는 인정
도 못 받을 뿐만 아니라 다소 버릇없다는 느낌을 줄 수 있다.

아부를 잘하는 사람은 상대의 의견에 무조건 동의하지 않는다.
너무 예스맨이라는 인상을 주는 것보다 가끔 사소한 것에 반대를
하면 아부꾼이 아니라 강직한 소신을 가졌다는 인상을 줄 수 있다.

필요하면 상사에게 조언은 하지만 가르친다는 인상을 주어서는
안 된다. 상사에게 아이디어는 제공하지만 최종결정은 상사가 하도
록 하는 것이 좋다. 핵심적인 것은 상사가 판단하여 결정하고 부하
는 거기에 기꺼이 따라간다고 상대가 믿게 하는 것이다.

아이젠하워 대통령이 두 번의 임기를 마치고 정계를 은퇴한 후 골프
를 칠 때의 일이다.

어느 날, 조지아주의 한 컨트리클럽에서 골프를 치고 있던 그에게 직
원이 질문을 했다.

"백악관을 떠나신 후 뭐 좀 달라진 것이 있습니까?"

그러자 아이젠하워가 웃으며 말했다.

"있지. 골프시합에서 나한테 이기는 사람들이 더 많아졌어."

인간관계에서 가장 중요한 것은 상대를 존중하며 기분 좋게 하는 것이다.

아부를 잘하는 종업원은 손님에게 차를 빼달라고 할 때도 은연중에 슬쩍 아부를 한다. 외제차일 경우에는 "벤츠 차주 계십니까?" 라고 큰 소리로 말하고 경차일 경우에는 차종을 말하지 않고 차번호를 말한다. 식당에서 주문을 할 때 사장인지 종업원인지 모를 경우에는 "사장님" 이라고 불러주고, 아주머니처럼 보이더라도 "아가씨" 라고 불러준다. 아가씨라고 부르기 곤란하면 "이모" 라고 부른다. 작은 차이같아 보이지만 받아들이는 사람은 느낌이 확 다르다.

이런 사람은 아들이 사법고시에 합격하여 연수중인 사람을 만나면 아들의 안부를 묻고, 사업이 잘 되는 사람을 만나면 사업이야기를 하고 골프를 잘 치는 사람을 만나면 골프이야기를 한다.

이렇게 생활 속에서 자연스럽게 아부하는 방법도 관계의 지혜라고 할 수 있다.

잘 묻는 것도
아부다

사람은 자신이 알고 있는 지식과 경험을 다른 사람에게 말하고 싶어 한다. 내가 알고 있는 것을 누군가가 물으면 기꺼이 말해줄 것이고 상대에게 관심을 갖게 된다.

때로는 아는 것이라도 모른 척하고 물어봐야 할 때가 있다. 질문에는 보통 3가지 유형이 있다.

첫 번째는 정말 몰라서 하는 질문이고, 두 번째는 자신이 듣고 싶은 말을 듣기 위한 질문이며, 세 번째는 상대가 말하고 싶어 하는 것을 말하게 하는 질문이다. 하수는 첫 번째 질문을 많이 하지만 고수는 세 번째 질문을 많이 한다.

상대에게 '조언을 하면' 싫어하는 사람이 많지만 '조언을 구하면' 싫어할 사람이 별로 없다. 조언을 구하는 것은 상대를 좋아하고 신뢰한다는 뜻이다. 또 상대가 상사일 경우 권위를 인정한다는 뜻이다. 의견을 구하면 상대의 자존감이 높아진다.

사람은 자신을 신뢰해주는 사람에 대해 어떤 식으로든 호응해주고 싶은 마음이 생긴다. 아부도 기술이며 잘 묻는 것도 아부다.

공자는 주나라를 세운 문왕의 아들이자 예(禮)를 만들었다는 주공(周公)의 묘를 참배할 때면 태묘(太廟)의 관리인에게 일일이 물어보았다. 그것은 공자가 태묘 참배 예절을 몰라서가 아니라 태묘 관리인의 마음을 헤아리고 한 행동이었다. 만약 공자가 관리인보다 태묘에서의 예를 더 잘 아는 것처럼 행동했다면 마치 여행지에 가서 가이드가 있는데도 불구하고 자신이 더 잘 아는 것처럼 떠들어대는 여행자와 같았을 것이다.

유머처럼
아부하라

 아부를 할 때 너무 진지하게 하지 마라. 아부 자체가 무거운 느낌을 주면 효과가 거의 없다.

무거우면 서로가 힘들어진다. 아부를 할 때는 유머처럼 해보라. 형식이 가볍다고 해서 내용이 가벼워지는 것은 아니다.

상대에게 유머를 하는 것 자체가 아부라고 볼 수도 있다. 유머의 기본은 자신을 낮추고 남을 즐겁게 해주는 것이기 때문이다.

상대방의 기분이 좋아질 정도의 유머 섞인 아부는 직장생활의 활력소가 된다. 그런 아부는 상대에게 부담을 주지 않고 상대의 존재를 높여주기 때문에 아낄 필요가 없다. 지금부터라도 그동안 밉게만 보아왔던 상사에게 유쾌한 유머를 하며 아부를 해보라.

아부가 유머를 만나면 효과는 배가 된다. 아부를 할 때 유머를 섞어서 하면 분위기도 살리고 효과도 더욱 크다.

"당신을 처음 보면 호감이 가는 형인데 자꾸 보면 더욱 빠져드는 형이에요."

"당신은 겉과 속이 다른 사람인 것 같아요. 겉은 어수룩한데 속은 꽉 찼어요."

"당신은 절대로 천당에는 못가겠어요. 외모로 너무 많은 사람들에게 질투심을 갖게 해서…."

"우와! 이건 허벅지가 아니에요. 꿀벅지에요."

이런 표현은 유머의 반전효과를 이용한 것으로, 상대방에게 웃음과 아부의 효과를 동시에 줄 수 있다.

아랫사람에게
아부하기

아부는 아랫사람이 윗사람에게 하는 것이지 윗사람은 그런 것을 할 필요가 없다고 생각하는 사람들이 많다. 아부는 상사에게만 하는 것이 아니라 모든 사람에게 할 수 있다.

요즘은 윗사람이라고 해서 무조건 권위만 내세우는 시대는 아니다. 윗사람도 아랫사람들을 움직이려면 권위 외에 다른 것을 보여줘야 한다. 자신보다 지위가 높은 사람에게 아부를 하는 것은 자신이 살아가기 위한 방편이고, 자신보다 지위가 낮은 사람에게 아부를 하는 것은 상대의 기를 살리고 서로를 살리는 것이다. 아부란 윗사람이 아랫사람에게도 충분히 전략적으로 해야 할 필요가 있는 기술이다.

; 아부

리더는 통찰력도 있어야 하지만 아랫사람의 기를 살려주고 잘 따르도록 하는 능력도 중요하다. 아랫사람에게 하는 전략적 칭찬, 즉 아부야말로 현대의 리더가 가져야 할 덕목이다.

고대에도 아랫사람에 대한 아부가 흔하지는 않았지만 있기는 있었다.

주나라의 문왕은 낚시로 세월을 낚으며 때를 기다리던 강태공을 알아보고 중용한 사람이다.

문왕이 행차 중에 신발끈이 풀어지자 강태공이 물었다.

"폐하, 시킬 신하가 없습니까?"

문왕이 대답했다.

"최고의 군부 밑에 있는 신하는 모두 스승이요, 중간의 군주 밑에 있는 신하는 모두 친구요, 하급 군부 밑에 있는 신하는 모두 시종입니다. 지금 이곳에 있는 신하들은 모두 선왕 때부터 있던 신하들이므로 이 일을 시킬 사람이 없소."

자신도 살리고 아랫사람도 살리는 절묘한 말이었다.

삼국지에 유비가 조자룡에게 아부를 한 적이 있다. 아무도 유비의 아부성 행동을 눈치채지 못했다.

유비에게는 창을 잘 쓰는 상산 조자룡, 즉 조운이란 장수가 있었다. 도원결의를 맺은 관우나 장비와 달리 조운은 잠시 유비에게 의탁만 하고 있었다. 유비는 조운을 탐냈지만 뜻을 이루지 못하고 눈치만 봤다. 때를 기다리던 유비에게 마침내 기회가 왔다.

조조가 백만대군을 이끌고 무서운 기세로 쳐들어오자 유비는 조운에게 두 부인과 아들 아두를 부탁했다.

조운 일행은 조조군의 습격을 받고 이리저리 난민들 틈에 끼어 도망을 가게 되었다. 그때 감부인은 조운에게 먼저 구출되어 적진을 뚫고 도망갈 수 있었다. 그러나 미부인과 아두가 보이지 않자 조운은 끝없이 난민들 틈을 오가며 이들의 행방을 찾았다. 결국 아두를 안고 있던 미부인을 발견하고 이들을 구출하려고 했으나 다리에 부상을 입은 미부인은 자신까지 구할 수 없을 것이라 판단하고 우물에 뛰어들었다. 조운은 아두를 갑옷에 감추고 적진을 향해 거침없이 창을 휘두르며 겨우 조조군을 벗어날 수 있었다.

유비를 만난 조운은 갑옷 속에서 새록새록 잠든 아두를 건네주며 벌을 청했다. 유비는 아들을 건네받자마자 땅바닥에 던져버렸다.

"이까짓 어린 자식 하나 때문에 하마터면 나의 큰 장수를 잃을 뻔했구나!"

유비는 조운이 미부인을 구할 수 없었던 것에 대해서는 한마디도 하지 않았다. 조운은 허리를 굽혀 우는 아두를 끌어안고서 눈물을 흘리며 절규했다. 이때 조운은 유비가 나중에 황제가 될 맏아들보다 자신을 더 사랑하고 있음을 확인했다.

이 일로 인하여 조운은 자신의 간과 뇌를 땅바닥에 쏟아서라도 유비를 위해 살겠다는 간뇌도지(肝腦塗地)의 맹세를 다졌다.

아두를 땅바닥에 던질 때, 유비는 자신의 아들보다 조운을 더 총애한다는 마음을 보여주고 싶었을 것이다. 하지만 유비는 조자룡의 마음을 빼앗으려는 목적으로 아들을 던졌다는 사실을 그에게 보여선 안 되었다. 만약 이를 눈치 챘다면 조운이 자신의 주군이 사람의 마음을 얻기 위해 아들까지 내던지는 무서운 군주라고 생각했을 것이다.

대중에게
아부하기

 아부는 특정 개인에게만 하는 것이 아니다. 대중에게도 아부가 필요하다.

노무현 전 대통령이 2002년 새천년민주당 후보경선 연설에서 장인의 빨치산 경력으로 인해 이인제 후보의 공격을 받았다.

이때 노무현 후보는 정공법으로 강하게 나왔다. 과거의 사실을 인정하면서도 아내에 대한 자신의 사랑을 강한 어조로 말했다.

"제 장인은 좌익활동을 하다 돌아가셨습니다. 제가 결혼하기 전에 돌아가셨는데 저는 이 사실을 알고 제 아내와 결혼했습니다. 그리고 아이들 잘 키우고 사랑하면서 잘 살고 있습니다. 뭐가 잘못 되었습니까? 이런 아내를 제가 버려야 합니까? 이런 아내를 사랑하면 대통령 자격이 없는 것입니까? 여러분이 이런 아내 때문에 대통령이 될 수 없다고 생각하면 저는 대통령 후보 그만두겠습니다. 여러분이 심판해주십시오."

이 한마디로 상황은 종료되었다. 연설을 듣고 있던 이인제 후보는 자신의 패배를 인정하는 듯 어두운 표정으로 물을 마셨다.

구차한 변명보다 인간적으로 호소를 한 후 상대방에게 심판하도록 하는 것도 아부의 기술이다.

이런 저런 핑계를 대는 것보다 정면승부를 하는 게 더 좋은 경우가 있다. 등을 보이고 도망가는 사람에게는 돌을 던지고 싶지만 돌아서서 당당한 모습을 보이면 쉽게 돌을 던지지 못한다.

유권자에게 아부를 잘하는 자가 정치 지도자가 될 수 있고, 소비자에게 아부를 잘하는 기업이 살아남는다. 대중을 상대로 얼마나 아부를 잘하는가는 정치인들의 성공에 필수적인 자질이 된다. 대중의 호감을 얻어내지 못하는 정치인은 생존할 수 없다. 그래서 정치인들은 표를 가진 대중을 향해 끊임없이 아부를 하는 것이다.

위대한 소통자로 평가받는 레이건은 대중을 상대로 한 아부에 가장 뛰어났던 정치인으로 꼽힌다. 그는 "미국인들의 지혜를 믿었을 때 나는 한 번도 실패한 적이 없었다"는 말을 입에 달고 다녔다.

클린턴도 이런 면에서 뛰어났다. 그는 "저는 미국인들의 지혜를 신뢰합니다. 미국인들은 항상 지혜를 올바르게 사용했습니다"라는 말로 국민들의 마음을 얻었다.

말 잘하는 사람들의 3가지 비법

최고의 아부는
경청

 사람들이 진정으로 원하는 것은 자기의 말을 들어
주고 공감해주는 것이다. 적극적인 경청과 상대의
말을 가로채지 않는 것처럼 뛰어난 아부는 없다. 말을 잘하는 것도
중요하지만 잘 듣는 것이 더 중요하다.

유명한 정치 지도자가 연설을 하는데 지칠 줄 모르고 계속 연설을 하
여 거의 한밤중이 되었다. 점점 청중들은 떠났고 마침내 단 한 사람
만이 실내에 남게 되었다. 그 지도자는 그에게 감사해하며 말했다.
"당신은 진실을 사랑하는 유일한 사람이며, 나의 유일하고도 진실한
추종자요. 나는 감사하게 생각합니다. 다른 사람들이 모두 떠났는데
당신은 아직 여기에 남아 있으니 말이오."

그러자 그 사람이 말했다.

"그게 아니오. 나는 다음 연설자요."

상대방의 말을 잘 듣는다는 것은 생각보다 어려운 일이다. 그것은 그저 귀를 열어놓기만 하면 되는 소극적인 행위가 아니다. 경청이 어려운 이유는 그것이 그저 말없이 상대의 말을 듣고 있는 것이 아니기 때문이다.

경청은 상대방의 이야기를 진심으로 듣고 이해하며 공감해주는 적극적인 행위다. 경청은 아무 것도 하지 않는 것이 아니라 매우 적극적인 의사표현방식이다. 디즈레일리는 성공비결을 이렇게 말했다.

"타인에게 사랑받는 비결은 간단하다. 단 한 가지만 실행하면 된다. 바로 그의 이야기를 잘 들어주는 것이다."

사람들은 말을 잘하는 사람보다 자신의 말을 잘 들어주는 사람을 더 좋아한다. 이 세상에서 가장 중요한 사람은 자신이고, 이 세상에서 가장 소중한 이야기는 자신의 이야기다. 그렇기 때문에 나를 중요하게 생각하고 내 이야기에 귀 기울이고 공감해주는 사람이 중요하고 좋을 수밖에 없다.

상대방의 자존심을 가장 많이 손상시키는 것은 상대의 말을 듣기도 전에 거절하는 태도를 취하는 것이며, 상대를 가장 기쁘게 해주는 것은 상대의 말을 끝까지 진지하게 들어주는 것이다.

클린턴 전 대통령은 대화를 할 때 열심히 듣는 경청자라는 이미지로 대중에게 탁월하게 아부했다. 그런 그에게 언론은 '적극적인 경청자' 또는 '산소 같은 경청자'라고 묘사하곤 했다.

그는 상대방에게 시선을 집중하는 것으로 상대의 마음을 사로잡았다. 그와 대화를 해보면 누구나 마치 세상에 자기 자신만 존재하는 듯 자신에게 집중하는 클린턴에게 흠뻑 마음을 빼앗긴다.

사람은 누구나 진심으로 인정받기를 원하며, 항상 자기가 사랑스럽고 가치 있는 존재라고 말해줄 누군가를 필요로 한다. 상대의 말을 잘 들어주는 것은 상대를 인정하고 가치 있는 존재라고 말해주는 것이다. 함께 있을 때 내가 좀 더 나은 인간임을 느낄 때 우리는 그 사람을 좋아하게 된다.

벤저민 디즈레일리와 윌리엄 글래드스턴은 영국 총리를 역임했으며 빅토리아 시대의 황금기를 연 정치의 거인이었을 뿐만 아니라 뛰어난 화술가였다.

한 젊은 여인이 만찬에 잇따라 초대받아 식사를 했다. 후에 누군가가 그녀에게 물었다.

"두 사람의 인상이 어땠나요?"

"글래드스턴씨를 만나본 후 나는 영국에서 그가 제일 총명한 사람이라고 생각했어요. 그러나 디즈레일리씨와 만난 뒤로는 내가 영국에서 제일 똑똑하다고 생각하게 되었어요."

전 하버드 대학 총장 엘리어트는 "성공적인 사업상의 상담에 비결 따위는 존재하지 않는다. 상대방의 이야기에 주의력을 집중시키는 것이 매우 중요하다. 어떠한 찬사도 이만한 효과는 없다"고 말했다. 사람의 마음을 움직이는 가장 큰 수단은 경청이며, 백 마디 말보다 한 번의 진정성 있는 공감이 상대의 마음을 더욱 움직인다. 사람들은 자신을 주인공으로 만들어주는 사람에게 끌린다. 최고의 대화는 상대방을 대화의 주인공이 되도록 하는 것이다.

질문은 모르는 것을 묻는 데도 쓰이지만 상대를 주인공으로 만드는 데에도 쓰인다. 상대에게 질문하는 것은 관심과 애정을 표현하는 수단도 된다. 내가 궁금한 것을 묻는 사람은 하수이며 상대가 말하고 싶어 하는 것을 묻는 사람은 고수다.

최근에 해외여행을 다녀온 사람에게는 여행에 대해 물어보고, 최근에 넓은 집으로 이사 간 사람을 만나면 집에 대해 물어보라.

누군가와 이야기할 때 이상할 정도로 대화가 잘 풀리는 것은 내가 특별히 말을 잘해서가 아니라 상대가 나의 이야기를 잘 받아주

말 잘하는 사람들의 3가지 비법

사실 저는 대화의 기술이 많이 부족해서
잘 들어주는 것 뿐이랍니다.

고 긍정적인 반응을 보여주었기 때문일 가능성이 크다.

말을 잘 듣는다는 것은 기술이나 테크닉의 문제가 아니라 인격의 문제다. 잘 듣기 위해서는 마음이 열려 있어야 하며, 상대를 배려하고 존중하는 마음이 있어야 한다.

상대의 이야기를 들어줄 때 지루하게 느껴진다면 말하는 사람에게도 문제가 있지만 들어주는 사람의 편견이 강하기 때문이다.

상대가 말을 할 때는 최선을 다하여 듣는 태도를 보이고 상대의 말꼬리를 자르거나 섣불리 판단해서는 안 된다. 성숙한 경청은 귀로만 듣는 것이 아니라 마음으로 듣는 것이다.

경청에서 가장 중요한 것은 공감이다. 공감은 같이 느끼는 것이지 생각이 같다는 뜻은 아니다. 생각이 같지 않아도 공감은 할 수 있다. 공감은 상대의 관점에서 사물을 보는 것이다. 역지사지의 지혜라고 할 수 있다. 상대방과 다른 견해를 가지고 있더라도 반박할 필요 없다. 이해하는 정도로 끝내는 것이 좋다. 특히 상대의 생각이 나와 다르다고 해서 상대를 바꾸려고 해서는 안 된다.

대화할 때는 판단을 내리지 말고 듣기만 해보라.

상대방으로 하여금 자기가 하던 말을 혼자 끝내도록 내버려두라.

상대가 재미있는 이야기를 하면 알고 있더라도 처음 듣는 척하고 재미없더라도 재미있는 척하라.

재미있는 이야기를 하려고 하는데 아는 척하는 사람만큼 얄미운 사람이 없다. 그게 설사 얼마 전에 누군가로부터 들은 이야기라고 하더라도, 오래 전에 상대에게서 들은 이야기라 할지라도 내색하지 마라. 그러면 당신과 함께 있는 사람은 자신의 견해에 대해 당신이 보이는 존경심과 기꺼이 들으려는 당신의 의지를 감지하게 될 것이다.

《장자》에 '애태타'라는 사람의 이야기가 나온다.

위나라에 용모가 추악한 사람이 있었는데, '애태타'라고 했다. 남자들 중 그와 함께 지내본 사람은 그를 흠모하여 떠나지 못했고, 여자들이 그를 보면 부모에게 '다른 사람의 아내가 되느니 차라리 그의 첩이 되겠다'고 청하는 사람이 몇십 명인데도 그런 사람이 끊이질 않았다. 그런데 아직 그가 남보다 앞서 말하는 것을 본 적이 없고, 항상 다른 사람의 말에 응할 뿐이었다.

그 비결은 바로 '화이불창(和而不唱)'이다. '남의 이야기에 귀 기울일 뿐 내 생각을 강력하게 주장하지 않는다'는 말이다. 애태타는 얼굴도 못생기고 돈도 없고 권력도 없지만 상대방을 진심으로 존경하고, 상대방의 이야기에 귀 기울여 들어주는 사람이었다. 그런 사람을 누가 좋아하지 않을 수 있겠는가. 자신을 낮추고 상대방을 존중할 줄 아는 것, 내가 할 말이 많아도 참고 상대의 이야기를 잘 들어주는 것, 그것이 바로 상대의 마음을 얻는 가장 확실한 방법이다.

위로하고
공감해주는
인간관계

 원래 상사의 말은 대체로 재미없다. 그렇다고 피할 수 있는 것도 아니다.

상사와 부하 간의 대화를 보면 부하가 상사에 비해 약 3배 정도 더 많이 웃는다. 상사는 정말 우스울 때 웃는데 반해 부하는 조금만 웃겨도 폭소에 가까운 웃음을 웃는다. 그것이 상사에 대한 배려이자 아부라고 보기 때문이다.

이왕 들어줘야 한다면 적극적으로 듣고, 재미가 없더라도 재미있는 표정으로 들어주는 것이 좋다. 남들이 웃을 때 혼자만 웃지 않는 것도 눈에 띄는 특이한 행동이다.

작은 사무실에서 상사가 예전에 여러 번 했던 이야기를 또 하고 있

말 잘하는 사람들의 3가지 비법 ;

었다. 짜증이 났지만 웃어야 했다. 그런데 한 여직원이 웃지 않고 심각하고 무표정한 얼굴로 앉아 있었다.

상사가 말했다.

"무슨 일이야? 왜 안 웃는 거야?"

여자가 대꾸했다.

"난 이번 달에 퇴사하거든요."

사람들을 대할 때 그들을 존중하고 있다는 것을 보여주는 가장 효과적인 방법은 상대방의 말을 잘 들어주고 공감해주는 것이다. 그것은 나는 당신의 말에 관심이 있으며 당신의 말들을 기억하겠다는 뜻이다.

만약 당신이 성격상 직접 아부를 못하는 체질이라면 상사의 말에 맞장구치는 것은 가능할 것이다. 달콤한 말이나 행동으로 상대방의 비위를 맞추는 게 성격상 맞지 않는다면 상대의 말을 열심히 들어주고 공감해주는 것만으로도 아부의 효과를 얻을 수 있다.

말하고 있는 상대의 눈을 보고 그의 관점에서 세상을 보기 시작할 때 상대와 진정으로 소통하고 오래 지속되는 관계를 만들 수 있다.

상대가 애로사항을 이야기하면 잘 들어주고 공감만 해도 된다. 능력도 안 되는데 고민을 해결해주려고 할 필요도 없다. 상대가 그것을 원하는 것도 아니다. 단지 들어주기만을 원할 뿐이다.

상대가 묻기 전에 굳이 해결책을 말해줄 필요는 없다. 상대는 이미 자신의 답을 가지고 있다. 상대가 큰 슬픔을 당했을 때 온갖 위로의 말로 슬픔을 달래주려고 하지 마라.

"신은 인간에게 극복할 수 있는 만큼의 고통만 내린대."

"세월이 지나면 잊혀질 거야."

"아픈 만큼 성숙할 거야."

"신은 자신이 사랑하는 사람에게 더 큰 고통을 준다잖아."

이런 말보다는 "나도 이렇게 가슴이 아픈데 너는 얼마나 가슴이 아팠니?"라고 말해주어라. 좌절한 친구가 옆에 있다면 어설픈 위로의 말을 건네려고 하지 마라.

"실패는 성공의 어머니야."

"지금이 바닥이야. 이제는 올라갈 일만 남았어."

"깜깜한 터널의 끝에 가서야 빛이 보이는 거야."

이런 말 대신 "그 동안 너무 힘들었겠다. 네가 힘들 때도 나는 너의 곁에 있을게. 너는 혼자가 아니야"라고 말해주는 것이 더 큰 위안이 된다.

사람들이 자기 고민을 털어놓는 것은 문제를 해결해달라는 게 아니라 자신의 처지를 동정하고 공감해달라는 이유가 더 크다. 자신의 처지를 바꿔달라는 것이 아니라 알아달라는 것이다.

말을 잘하는 사람이 항상 환영받는 것은 아니지만 잘 들어주는 사람은 대화 상대로서 언제나 환영을 받는다. 그런 사람과 얘기하면 대화가 즐거울 수밖에 없다. 전화로 이야기를 나눌 때에는 상대가 지금 어떤 상황인지 눈으로 확인할 수는 없지만 적어도 상대가 나에게 얼마나 집중하고 있는지는 느낌으로 알 수 있다.

경청은 귀로만 듣는 것이 아니다. 고개도 끄덕여주고 상대의 이야기를 이해한다는 표정을 지으면서 적절히 추임새도 넣고 맞장구를 치면서 들어주는 것이 경청이다. 누군가 나에게 집중하면서 마음을 기울여줄 때, 온 우주가 나를 위해 존재하고 있는 것 같은 기분이 된다. 상대에게 그런 기분이 들게 하라. 그것이 상대방을 위한 최고의 아부다.